**Danke, ich steh lieber.
Mein erstes Jahr im Ruhestand.**

»Warum nicht jetzt? Wann dann? Ich bin frei weiterzuziehen,
wo immer es mich hintreibt. Daran hindert mich auch nicht die
feste Materie eines Hauses. Alles ist veränderbar.«

Monika Becht, ehemalige Lehrerin und Karriere-Coach, bisher ausgefüllt durch ihren Beruf, steht ratlos vor der neuen
Phase ihres Lebens: dem Rentnerinnendasein in einer hessischen Mittelstadt. Die kinderlose Alleinlebende, seit zwanzig
Jahren geschieden, träumt von einem Hausprojekt gemeinschaftlichen Wohnens an der Ostseeküste und einem neuen
Leben. Bald ist sie zu zweit mit einem Pudelmädchen, das
ihren Alltag mit neuen Ritualen belebt. Sie geht auf Reisen
und sie schreibt, schreibt sich in den Ruhestand hinein.

Mit einer gelungenen Mischung aus Tiefsinnigkeit und
Selbstironie, heiteren Dialogen mit ihren Leidensgenossinnen
begegnet Monika Becht der neuen Lebensphase als Best-Ager
und überwindet innere Widerstände, erkennt neue Hand-
lungsspielräume.

Die Leserinnen begleiten die Autorin bei dem Prozess des
Übergangs in den Ruhestand, bei der Transformation und
dem Aufbau eines neuen Selbstverständnisses als Frau in
ihren besten Jahren – und erkennen mit ihr das Potenzial
der Selbsterneuerung im fortgeschrittenen Alter.

»Danke, ich steh lieber« ist eine Reise zu sich selbst. Das
Buch beschreibt das Abenteuer des Aufbruchs entlang der
zwölf Monate des ersten Jahres im Ruhestand. Und am Ende
trifft Monika Becht eine Entscheidung.

MONIKA BECHT

Danke, ich steh lieber.

Mein erstes Jahr im Ruhestand.

Bibliografische Information der Deutschen Nationalbibliothek:
Die Deutsche Nationalbibliothek verzeichnet diese Publikation
in der Deutschen Nationalbibliografie; detaillierte bibliografische
Daten sind im Internet über https://portal.dnb.de/ abrufbar.

© 2022 Monika Becht
Satz, Herstellung und Verlag:
BoD – Books on Demand, Norderstedt
Lektorat: Katharina Engelkamp, www.textengel.ch
Buchcover: Simone Andjelkovic, www.sim-ple.net

ISBN: 978-3-7562-2852-2

Inhalt

Vorwort   9

Der Countdown läuft
Noch ein Monat/ noch ein Tag   12

Die Verabschiedung   19

Juli
Nichts wie weg – Die große Freiheit I   25

August
Allein auf großer Reise – Die große Freiheit II   41

September
Honeymoon is over. Der neue Alltag   66

Oktober
Die neue Lebensgefährtin   82

November
Scheitern – eine Erfahrung   96

Dezember
Wendung nach innen   110

Januar
Erinnerungsarbeit I
Spurensuche und Versöhnung 126

Februar
Erinnerungsarbeit II
Spurensuche und Vergebung 138

März
Externe Hindernisse 150

April
Aufbruchsstimmung 163

Mai
Die Stunde der Wahrheit naht 176

Juni
Eine Entscheidung – Die große Freiheit III 191

Dankesworte 205

Die Autorin 207

Für Irma,
der im Alter Flügel wuchsen.

Vorwort

Seit einem Jahr lebe ich nun im Ruhestand. Geschieden, alleinlebend, kinderlos. An meiner Seite: Nelli, eine Zwergpudeldame.

Ich habe nie an den »Ruhestand« geglaubt. Damals, vor fünfundzwanzig Jahren, als ich freiberuflich arbeitete. Nach dem Schulreferendariat schlug ich beruflich andere Wege ein und damit eine Stelle im Schuldienst aus.

Ruheständler, Pensionäre, Rentner, das waren die anderen. Nun ist alles anders gekommen: Man hat mich verabschiedet!

Ich habe es natürlich kommen sehen. Darauf musst du dich gut vorbereiten, dachte ich, bevor du in ein tiefes Loch fällst. Baust dir ein neues Netzwerk auf, übernimmst eine erfüllende Aufgabe, wo deine Erfahrungen und Fähigkeiten gefragt sind.

Nichts davon ist passiert. Im reifen Alter von fünfundfünfzig Jahren bin ich für die letzten elf Jahre meiner Berufskarriere in den Schuldienst zurückgekehrt. Freiwillig.

In den zwei Jahren vor der Verabschiedung war ich damit beschäftigt, Körper und Seele zusammenzuhalten. Ich hatte keine Lust auf weitere Hausaufgaben. Statt akribischer Vorbereitung betrat ich den Ruhestand im freien Flug, ohne Navi und Ratgeber. Wollte ausprobieren, wie es ist, eine Reise anzutreten und das Ziel erst beim Gehen zu finden.

In den zwölf Monaten, die dann folgten, drehte sich

die Welt weiter und bestimmte mein Denken und meine Pläne. Politische Ereignisse, die Corona-Pandemie, Katastrophen wurden zum Prüfstein meiner eigenen Widerstandsfähigkeit.

Gleichzeitig, ob ich wollte oder nicht, musste ich mich an meinen neuen Status gewöhnen: Rentnerin. Offizielles Mitglied einer Risikogruppe. Gesundheitlich versteht sich. Der Umstand, dass ich niemandem mehr Rechenschaft ablegen musste, meine Behörde beschädigen oder den eigenen guten Ruf verlieren konnte, machte mich als Rentnerin und Ruheständlerin frei. Gelegentlich auch unbequem, wahrhaftiger. Das war eine ganz wunderbare »Nebenwirkung« des beginnenden Rentnerdaseins. Da tauchten Gefühle, Gedanken, plötzliche Erkenntnisse auf, die mich selbst in Staunen versetzten. Es gab neue Begegnungen, Gespräche mit Freunden, neue Entscheidungen. Wie sollte mein Leben nach dem ersten Jahr weitergehen?

Nach sechs Monaten spürte ich, wie sich mein Körper mehr und mehr entspannte und nun hatte ich alle Zeit der Welt, genau hinzuschauen. Herauszufinden, was mich antreibt, was mich ausbremst, zu wem ich geworden bin. Es war so, als würde ich verlassene Zimmer in meinem Haus besichtigen, die lange Zeit unbewohnt und schlecht durchlüftet gewesen waren. Sehr bald stellte ich fest, dass einige meiner Gewohnheiten nicht mehr zum neuen Leben passten. Oder dass sich meine Bedürfnisse und Prioritäten verändert hatten und eine Neuanpassung erforderten.

Diese zwölf Monate meines neuen Rentnerlebens waren für mich wie eine Reise in ein fremdes Land. Im Mittelpunkt dieser Expedition stand die Begegnung mit mir selbst. Auch manchmal ein Abtragen von alten Hypotheken aus der Vergangenheit. Ist das Leben nicht zu kurz, um sich über Dinge zu ärgern, die längst abgeschlossen sind, oder alte Familienzwistigkeiten weiterhin zu bedienen?

Ich bin auf Vorlieben, Leidenschaften und Interessen meines jüngeren Ichs gestoßen, die ich längst für abgeschlossen hielt. Von wegen »Ruhestand«! Aufräumen, Entsorgen, unnötiges Gepäck abwerfen und sich neu ausrichten.

Und wie geht es Ihnen? Sind Sie auch schon im Ruhestand? Oder dabei, ihn gedanklich vorzubereiten? Ich wünsche Ihnen, dass Sie sich beim Lesen fragen, welcher Teil *Ihres* Lebens reif für einen Neuanfang ist?

Möge meine persönliche Zeitreise in den Ruhestand Sie anregen, sich mehr Zeit für die neuen Erfahrungen zu nehmen, als sie eingeplant haben. Mögen meine Notizen und Gedanken Vorfreude auf eine Zeit wecken, die viele Menschen als die besten Jahre ihres Lebens bezeichnen.

Ihre Monika Becht

Der Countdown läuft

Noch ein Jahr, ein Monat, ein Tag. Endspurt. Meine Kollegen fragen mich schon jetzt in regelmäßigen Abständen, wann es denn »soweit« sei. Eine Frage, die sich sonst die Schwangeren gefallen lassen müssen. Findet der errechnete Geburtstermin wie geplant statt? Wer weiß das schon. Schwanger bin ich nicht. Aber ich *gehe* schwanger mit meiner Zukunft. Den Stichtag meines »Babys« kenne ich sehr genau. Am 1. August beginnt mein neues Leben.

Die Gespräche über meinen beruflichen Ausstieg wirken sich auf meine Motivation aus. Sie schwindet mit jedem Monat. Ich gebe mein Bestes aber eine Klasse von fünfundzwanzig pubertierenden Jungs fängt an, zu nerven. Und ich beginne, all diejenigen zu beneiden, die mit dreiundsechzig schon gehen durften. Als ein guter alter Freund mir vorschlägt, ich solle doch wenigstens jeden Monat eine Woche zuhause bleiben, um meine Kräfte zu schonen, klingt das irgendwie gut. So könnte ich das letzte Jahr doch einigermaßen gesund durchstehen. Es bleibt jedoch beim Gedanken. Nein, krankmachen gilt nicht. Ich werde auch nichts aus meinem Tinnitus machen und der leichten Schwerhörigkeit im rechten Ohr.

Gerade als ich von einer Woche Auszeit träume, poppt ein Nebenschauplatz auf, den ich im Auge behalten muss. Mr. Sonnyboy, halb so alt wie ich, wird von meinem Abteilungsleiter gefragt, ob er mich in dem Projekt »Berufsorientierung im Gymnasium« unterstützen könne, um es später zu übernehmen. Das finde ich gut, denn die letzten fünf Jahre musste ich das alles allein stemmen. Doch dann gibt es nur einen gemeinsamen Termin. Das nächste Mal steht er im Stau. Oder er hat sich ein anderes Datum notiert. Sorry, sagt er und grinst. Wir kommen nicht zusammen.

Eines Tages, als ich Andreas, den Leiter unserer Abteilung, sprechen will, platze ich in ein Meeting, das die beiden zu eben diesem Thema abhalten, und es ist offensichtlich, dass diese Besprechung und viele weitere ohne meine Beteiligung stattfinden. Ich blicke dem Leiter fest in die Augen: »Andreas, sollte nicht vor allem ich an diesem Meeting teilnehmen?« »Sorry«, murmelt er und senkt den Kopf. Die beiden Mittdreißiger (verheiratet, Väter von zwei dreijährigen Söhnen) basteln mit Begeisterung an IT-Modellen für das Thema Berufsorientierung. Andreas bezieht mich neun Monate vor meinem Ausstieg nicht mehr in das Projekt mit ein, das ich betreue. In mir brodelt es.

»Lass los«, sagen meine Freunde. »Du wirst dich doch jetzt nicht auf die letzten Meter verrückt machen. Willst du gesund oder krank deinen Ruhestand beginnen?« Ich schaue in den von Neonlicht beleuchteten Spiegel der schulischen Mitarbeitertoilette und entdecke zwei tiefe Furchen auf meiner linken Wange. Bin das *ich*? Sehe zehn Jahre älter aus.

Die Kosmetikerin winkt ab: »Der Körper regeneriert sich ganz schnell. Schauen Sie sich mal die Gesichtszüge von Rentnerinnen an. Entspannt und weich.« Sie lächelt mir solidarisch zu. Wir scheinen altersmäßig nicht weit voneinander entfernt zu sein. Ich überlege kurz und stelle die drei Anti-Aging-Produkte, die Sie mir vorgestellt hat, lächelnd zurück. Die zweihundert Euro werde ich mir sparen. Und einfach das Leben auf mich regnen lassen!

Noch ein Monat

Zwei Klausuren muss ich noch korrigieren. Die letzten zwei in meinem Leben! Ich fange an, die Bücher in meinem häuslichen Arbeitszimmer zu entsorgen, die Ordner zu leeren, Materialien an Kollegen zu verschenken. Trenne mich sogar von meiner Arbeitstasche, einem Minikoffer auf zwei Rollen. Kollegin Ulla nimmt ihn mit Kusshand. Ihrer hat gerade den Dienst quittiert. Eine angenehme Entlastung!

Am Telefon will ich von Wilma, einer drei Jahre älteren Freundin aus München, wissen, wie sie die Zeit vor dem Ausstieg erlebt hat. »Weißt du«, beginnt sie und ich sehe sie im Geist mit ihren blitzenden blauen Augen und höre das Lächeln in ihrer Stimme, »im letzten Monat vor meinem Ruhestand habe ich eine Schüssel mit dreißig Bonbons gefüllt. Jeden Tag nahm ich einen heraus, lutschte ihn genussvoll und freute mich, dass die Schüssel leer wurde.«

Bonbons lutschen. So etwas tue ich nicht. Ich muss sie immer gleich in tausend Stücke zermalmen. Knack, knack und die Mosaikstückchen schwimmen den Schlund hinunter. Mich beunruhigt die leere Schüssel zum Start eines neuen Lebensabschnitts. Ist da nicht eher Party angesagt? Ich grüble für einen Moment. Dann glaube ich, den tieferen Sinn dahinter zu erkennen. »Wilma, du dachtest wohl: Der *Weg* ist das Ziel, stimmt's?« »Eher unbewusst.« Ein glockenhelles, total

15

entspanntes Lachen am anderen Ende der Leitung. Wilma ist mir einfach drei Jahre voraus. »Ich brauchte die Lutscher als Motivation wie der Esel die Möhren.« Einen Bonbon so lange zu lutschen, bis er sich in ein Nichts auflöst – das ist Entschleunigung pur. Genüsslich lutschen, einfach nur lutschen! Vielleicht sollte ich schon jetzt damit beginnen.

Es ist Samstagmorgen elf Uhr. Ich sitze am Schreibtisch und schrecke hoch, alarmiert von einem mir fremden Geräusch. Es klingt dumpf und doch, als käme es von einem Lebewesen. Ich rase die Stufen hinunter zum Erdgeschoss und finde Tortie in Seitenlage am Boden liegen. Sie japst kaum hörbar nach Luft. Hat sie einen Anfall? Ihre Augen blicken starr und ihr Körper fühlt sich hart an. Ich streichle sie. Sie reagiert nicht, ist nicht mehr ansprechbar. Mein Herz pocht bis zum Hals und ich fühle mich wie gelähmt. Ich streichle sie weiter. Plötzlich dringt aus ihrer Kehle ein röhrender Schrei, der mir durch Mark und Bein geht. Ein Schrei, der nicht von dieser Welt ist. Der letzte Laut von ihr. Und dann ist Stille.

Noch heute morgen lag sie in meinem Bett und tat etwas ganz Ungewöhnliches. Sie ließ sich auf der Höhe meines Kopfkissens nieder und strich mit ihrer Pfote zart über mein Gesicht. Mach's gut. Bye Bye. Sie hat es vielleicht gespürt. Achtzehn Jahre war sie meine Seelentrösterin und Spielkameradin. Sie hat mich zum Lachen gebracht und in die Ruhe. Rigoros hat sie lange Arbeitszeiten am Schreibtisch abends beendet, indem sie den Catwalk auf meiner Tastatur machte oder sich mitten auf den Schreibunterlagen niederließ.

Sie hat drei Umzüge miterlebt und Peter, Ginger und Jürgen kommen und gehen sehen. Sie hat meine Freunde empfangen und an der Tür verabschiedet, war gesellig und hat auch die Misstrauischen unter ihnen mit ihrem Charme um den Finger gewickelt. Wie werde ich ohne meine Fellnase leben können? Das Haus ist still und leer. Tortie hat ihr Plätzchen im Garten gefunden. Aber etwas von ihr, schleicht, trippelt und huscht noch durch die Räume, besonders nachts.

Die neuen Rentnerinnen in meinem Bekanntenkreis machen mir das neue Leben schmackhaft. »Du wirst es lieben. Es werden sich ganz neue Möglichkeiten ergeben«, schwärmen sie. Keine jammert. Etwas haben sie alle gemeinsam: das Abo fürs Fitnesscenter. Und manche gehen tatsächlich dreimal die Woche dorthin, im Moment unvorstellbar für mich.

Wie werde ich mich fühlen, wenn ich die erste Seniorenermäßigung erhalte? Wie wird es sein, wenn keiner mehr etwas von mir will? Eins weiß ich: Zu den Festen an Weihnachten oder im Sommer, bei denen die Pensionäre unserer Schule zusammentreffen und die Buffets räubern, werde ich nicht gehen. Vorbei ist vorbei!

In einem Monat gehe ich, zusammen mit Kollege Hubert und Kollegin Lisa in Pension. Was werde ich zum Schluss sagen? Einfach nur danke, danke, danke? Ich habe eine Freundin aus dem Kollegium gebeten, mich zu begleiten und während der Verabschiedung neben mir Platz zu nehmen.

Noch ein Tag

Wollen Sie sich wirklich nur bedanken?«, fragt mich der Therapeut, den ich wegen meiner Schlafprobleme aufgesucht habe. »Denken Sie das wirklich? Oder sind Sie nicht einfach froh, alle nicht mehr sehen zu müssen?«

Ich gestehe, dass da auch Ärger in mir ist, trotz einiger zusätzlicher Projekte in elf Jahren nicht befördert worden zu sein. Verletzte Eitelkeit, nicht genug Wertschätzung erhalten zu haben. Aber will ich da wirklich ein Fass aufmachen? Dr. Hellmann blickt mich forschend an. »Ich denke, Sie sollten sich vor allem auf den Abschied freuen und darauf, dass Sie« – er sucht nach Worten – »eine Art Gefängnis verlassen können?« ergänze ich. »Ja, genau.« Er strahlt. »Sie könnten sogar sagen, dass Sie froh sind, nur elf Jahre in der Schule verbracht zu haben. Freuen Sie sich doch darüber.« Jetzt blitzen seine Augen. Beim Hinausgehen nimmt er meine Hand in seine beiden Hände. »Und Sie können ruhig ein bisschen ehrlich sprechen. Das würde Ihnen guttun.«

Die Verabschiedung

Es ist soweit. Der Schulleiter bittet mich zu ihm nach vorn und während er auf dem erhöhten Rednerpult meine Biografie in sechs Zeilen vorträgt, höre ich zu, werfe ihm immer mal wieder einen freundlichen Blick zu. Warum erinnern mich Verabschiedungen immer an Nachrufe? Fühle mich eher zu Grabe getragen als mit Trara in ein neues Leben geschickt. Einige der Kollegen, die in den letzten fünf Jahren verabschiedet wurden, haben ihren Ruhestand nur noch ein paar Jahre genießen können. Ich bin wohl eine Schwarzseherin. Muss ich hier vorne stehen wie eine Schülerin, aus deren Aufsatz vorgelesen wird? Die spärlichen Informationen, die er über mich zusammengetragen hat, ergänzt er mit einem Eintrag aus meiner Personalakte, den er, als hätte er einen außergewöhnlichen Fund gemacht, freudig zitiert: »Frau Becht ist eine hochmotivierte und überdurchschnittlich engagierte Kollegin und hat sich sehr gut bewährt.« Ich will keine Spielverderberin sein und lächle ihm aufmunternd zu. Der Schulleiter, Mitte vierzig, erst seit zwei Jahren im Amt, versucht, einen persönlichen Bezug zu mir herzustellen. Doch das einzige, was ihm einfällt, ist der Kuchen anlässlich der Abschlussfeier des Business-Englisch-Zertifikats für Techniker, zu der ich ihn eingeladen hatte. »Ja, der leckere Apfelkuchen, gell?«, lacht er mir zu. Ich atme tief durch. Dass ich fünfundzwanzig Techniker ein Jahr lang erfolgreich auf die anspruchsvolle Sprachprüfung vorbereitet habe, lässt er unerwähnt. Aber ich will ja heute kein Fass aufmachen. Bei der Überreichung der Urkunde und der Blumen sind wir wieder auf Augenhöhe, wir beide mit unserer Körpergröße von 1.60. Ein Foto soll noch von uns gemacht werden und der Schulleiter blickt zum Fotografen. Dabei hält er den Blumenstrauß umklammert, als müsse er sich an ihm festhalten. Ein zweites Foto muss geknipst werden, weil das Bukett ja in meine Hände gehört. Wir müssen beide lachen.

Laura, die Abteilungsleiterin für Sprachen, betritt das Rednerpult und rückt ihre große Hornbrille zurecht. Ich freue mich darüber, dass sie die Rede auf mich hält. Ich mag ihren Feinsinn für Sprache. Auch sie versucht einen persönlichen Bezug zu mir herzustellen, nämlich unsere gemeinsamen Erfahrungen beim Modellprojekt AVIS, bei dem ich meine Erfahrungen über Organisations-prozesse einbringen konnte. Geeignet für eine schöne Rede aber in meiner Erinnerung war das Arbeiten für die Schublade. Meine Gedanken driften ab zur bevor-stehenden Reise nach Südfrankreich in zwei Tagen. Ich muss noch den Kühlschrank abtauen. Wo sind eigent-lich meine Tauchflossen geblieben? Ich werde von Lauras Stimme zurückgeholt, die anhebt. »Liebe Monika, eine Schülerin hat mal gesagt: Machen ist wie Wollen – nur krasser. Du warst also krass«, das Wort zischt mir ent-gegen und hinterlässt ein ungemütliches Gefühl bei mir, »und hast lang gehegte Pläne zur Berufsorientierung um-gesetzt«, setzt sie hinzu. Krass. Ein ungewöhnlicher Gast in ihrem sonst so ausgefeilten Sprachgebrauch.

Für den letzten Satz bemüht die Rednerin den amerikanischen Schriftsteller David Foster Wallace mit einem Zitat über die wirkliche Freiheit, die Disziplin, Aufmerksamkeit und Empathie anderen gegenüber beinhalte. Sie bezieht sich dabei auf meine Art, zu unterrichten. Laura beendet ihre Rede ebenfalls nach Wallace: »I wish you way more than luck.« Sie selbst hätte es wahrscheinlich nicht besser sagen können!

Ich schicke ihr ein Dankeslächeln quer durch den Raum, stimme in den Applaus mit ein und stelle betrübt fest, wie fremd mir ihre Worte bleiben.

Die folgenden zwei Stunden ziehen an mir vorbei, wie ein Film. Eine Schülergruppe von Migranten gibt ihr Bestes für meine Kollegin Lisa mit dem Lied aus dem Dschungelbuch *Versuchs mal mit Gemütlichkeit*. Die Technikerkollegen präsentieren meinem Kollegen Hubert sein Lieblingslied *Hotel California*, den Song von den Eagles aus den fernen Siebzigern. Bei diesem Rhythmus kommt ein bisschen Schwung in den Saal. Viele wippen mit den Füssen und singen den Refrain mit: »*What a lovely place. What a lovely place.*« Während der Refrain immer wieder ertönt, denke ich über den Text nach. Eigentlich ist dieser Song, der so heiter daherkommt, doch ziemlich düster. Der Reisende, der im Hotel California so liebenswürdig aufgenommen wird, muss bald erkennen, dass er in eine geschlossene Gemeinschaft von Süchtigen hineingeraten ist, die ihn nicht mehr gehen lässt. Ich sehe den einen Kollegen oder die andere Kollegin, die an unserer Schule beginnen, begeistert sind von der so offenen Aufnahme und dem lockeren Umgang miteinander. Nach spätestens einem Jahr lernen sie die speziellen Persönlichkeiten näher kennen und stellen fest, dass ihnen der Zugang zu manchen Gruppen verschlossen bleibt. Zwanzig Jahre später sind sie mit Unterricht und diversen Projekten so zugedeckt, dass sie zwar in der Schule mittags oder am späten Nachmittag auschecken können, aber verlassen können sie sie nicht mehr so einfach. Sie hat sie im Griff am Feierabend und Wochenende und in den Träumen. Das Hotel »Schule«. *What a lovely place.*

Und jetzt muss ich meine Abschiedsworte sprechen. Sie fallen anders aus, als mein locker vorbereiteter Text vorgibt. Ursprünglich wollte ich danke sagen für die herzliche Aufnahme zu Beginn. Für die vergnügliche Zusammenarbeit mit den Fachkollegen bei den Prüfungen. Dafür, dass ich noch einmal erleben durfte, wie schön es ist, Teil eines Kollegiums zu sein. Nur »danke«, sonst nichts. Aber diese Worte wollen mir nicht über die Lippen kommen und ich beginne zu improvisieren. Bin total überwältigt von den Darbietungen, die überwiegend Lisa und Hubert galten, die mit mir verabschiedet wurden. Fühle mich für einen Moment klein und unbedeutend gegenüber meinen Mammutlehrerkollegen. Was sind elf Jahre gegenüber neununddreißig Jahren? Ein langes Lehrerleben, das für Lisa und Hubert eine wirkliche Karriere bedeutet hat. Für mich dagegen waren die letzten elf Jahre der Ausklang meines Berufslebens. Vielleicht hat sich hier auch ein Kreis geschlossen, die Versöhnung mit der Rolle der Lehrerin, die ich nach der Ausbildung nicht annehmen wollte. Mit Mitte zwanzig wollte ich die Welt erkunden und hatte keinen Spaß daran, maulige Pubertierende für das Lernen zu begeistern. Freiwilliges Lernen war die Vision für meine zukünftige Arbeit. Jedoch nicht in einem geschlossenen System wie Schule, in der das Kollegium ausschließlich aus Lehrern und Lehrerinnen besteht, die nie etwas anderes als den Schuldienst kennenlernen.

Fünf Minuten später, nach meiner Rede, weiß ich nicht mehr genau, was ich gesagt habe. *Sie können ruhig ein bisschen ehrlich sprechen, das würde Ihnen guttun.* Genau, ich wollte noch etwas loswerden: Als ich vor elf Jahren meinen neuen Arbeitsplatz Schule betrat, fiel mir eine gewisse Schwermütigkeit auf, mit der die Kolleginnen ihr heiliges Fach vor sich hertrugen. Warum mussten Lehrer immer so viel jammern? Konnten sie nicht zur Abwechslung mal über ihre positiven Erfahrungen im Schulalltag sprechen? Darüber, welche Lernsprünge Schüler und Schülerinnen machen, wenn man an sie glaubt, sie fordert und fördert.

»Wenn man wie ich erst im reifen Alter in den Schulbetrieb geht, dann verbleibt eben auch die Zeit des Lehrerdaseins kürzer«, werfe ich scherzhaft ein. Keine Lacher im Saal. Die Kollegen und Kolleginnen, die hier sitzen, streben offenbar alle »lebenslang« an.

Nach meiner Rede überreicht mir meine Kollegin aus der Sprachabteilung zwei Geschenke: einen Gutschein für eine englische »High Tea-Zeremonie« in einem exquisiten Hotel und – bezugnehmend auf mein zweites Fach – »Die Geschichte der Welt in 1000 Objekten«. 800 Seiten ist es stark und gefühlte fünf Kilogramm schwer. Wer kennt schon die Funktion eines hawaiianischen Federhelms oder weiß, was es mit der Mumie des Hornedjitef auf sich hat. Ich werde mich diesem Geschenk ganz vorurteilsfrei nähern. Ich habe ja jetzt viel Zeit.

Auf dem Lehrerparkplatz holt mich der Schulleiter ein, der vor einem Jahr in den Ruhestand verabschiedet wurde und an der Verabschiedung teilgenommen hat. Er reicht mir die Hand: »Uwe! Wir können uns doch eigentlich jetzt auch duzen, meinst du nicht?« Mein Antrag auf Verbeamtung lag ein Jahr lang in seiner Schublade, bis er ihn auf einige Nachfragen hin endlich an das Schulamt weiterleitete. »Okay, Uwe«, sage ich widerstrebend. »Monika«, schüttle ihm zum Abschied die Hand und steige ins Auto. Zu spät, um jetzt noch ein Fass aufzumachen.

Juli
Nichts wie weg –
Die große Freiheit I

Der Pilot setzt zum Steilflug an und ich atme tief durch, falte meine Hände, bis wir über den Wolken sind und wieder auf der Horizontalen. Ich sehe die ersten flauschigen Wolken vorbeiziehen und das Surren wird zu einem gleichmäßigen Rauschen. *Über den Wolken,* der Song von Reinhard Mey erklingt in mir jedes Mal, wenn ich fliege. Hier oben, aus zehntausend Meter Höhe verlieren die persönlichen Belastungen der letzten Monate an Schwere. Erscheinen in einem anderen Licht.

Diese Reise ist der Beginn einer neuen Ära! Ich blicke nach rechts zu Konstantin, meinem Reisegefährten und früheren Klassenkameraden. Er hat die Augen geschlossen. Schade, diesen Moment würde ich jetzt gerne mit ihm und einem Glas Sekt feiern.

Letzten Freitag wollte ich nur eins. Nichts wie weg – zu einem Ort, mit dem ich ein bestimmtes Lebensgefühl verband: Sommer, Sonne, Meer, gutes Essen, Lavendelfelder, die Provence.

Mit neunzehn war ich mit Andy, meinem ersten Freund, in Saintes Maries-de-la-Mer. Direkt nach dem Abi sind wir in meinem zitronengelben VW Käfer runtergedüst – mit Schlafsäcken und Zelt im Kofferraum. Ich erinnere mich kaum an Einzelheiten, nur an dieses Gefühl von Freiheit, mit einer Flasche Rotwein bei untergehender Sonne am Meer. Und an einen silbernen Ring mit einem Rosenquarz, den mir Andy eines Abends schüchtern über den Ringfinger meiner linken Hand schob.

Jetzt fahre ich wieder dorthin. Nach dem Abi. Nach meinem letzten Abschlussjahrgang, den ich in Englisch und Geschichte zum Abitur geführt habe. Ich ertappe mich dabei, wie sich meine Schultern nach oben schieben. Die letzten zwei Jahre sind mir in die Knochen gefahren. Sie waren nicht das Gipfelglück meiner elf Jahre als Lehrerin, sondern ein kräftezehrender Ritt durch die Niederungen des pädagogischen Alltags. Ein Großteil der Abiturientinnen hatte den Schwerpunkt Chemie gewählt und war mit einem mittelmäßigen Abi mehr als zufrieden gewesen. Chemielaborantinnen wollten sie werden und waren der Meinung, dass Fächer wie Deutsch, Englisch und Geschichte überflüssig seien. »Frau Beeecht«, jammerten sie mit gedehnter Stimme, »müssen wir zu den zwei Extrastunden Abi-Vorbereitung wirklich kommen?« Wir fanden keine gemeinsame Sprache und ich erkannte, dass mein Ehrgeiz sie überforderte. Ein Teil der Gruppe war noch sehr kindlich. Sie spielten in den Pausen »Stadt-Land-Fluss«, während Boris, der Meinungsführer der Klasse, in den Pausen auf seinem Laptop geschäftliche Meetings abhielt. »Musste noch Anrufe entgegennehmen, sorry.« Er kam regelmäßig zu spät in den Unterricht. Der junge Geschäftsmann organisierte nebenbei Events und sah sich im Geiste schon auf einem Vorstandssessel sitzen. Wo werden diese Jungs und Mädels wohl landen?

Ich bin froh, dass ich keine Menschen mehr zu etwas bringen muss, was sie gar nicht wollen. Selbst jetzt spüre ich noch die Anspannung im Nacken und in den Schultern. *Hotel California. What a lovely place. What a lovely place.* Ich habe längst ausgecheckt und kehre doch immer wieder gedanklich dorthin zurück.

Plötzlich sackt das Flugzeug ab. Der Pilot kündigt Turbulenzen an und bittet, auf den Platz zurückzukehren. Ich versuche, ruhig zu atmen, erkunde blitzschnell, wo die Notausgänge sind, und frage mich, wie man die Schwimmweste unter dem Sitz lösen kann. Konstantin schläft oder tut jedenfalls so. Ob ich ihn bitten könnte, meine Hand zu halten, falls es schlimmer wird? Mein Blick fällt auf seine sonnengebräunten schlanken Hände, die zusammengefaltet in seinem Schoß liegen.

Vor zwei Jahren waren wir gemeinsam im Urlaub in Irland. Ich hatte eine Ferienwohnung mit zwei Schlafzimmern und zwei Bädern gebucht. Kein Sex, keine Berührung, keine Erwartungen aneinander. Das war genau der richtige Urlaub für uns Beziehungseinsiedler. Konstantin war der beste Freund von Alex und sein Trauzeuge bei unserer Hochzeit vor einundzwanzig Jahren gewesen. Da lebte er schon in Scheidung. Sieben Jahre später waren wir dran. Weitere sieben Jahre starb mein Exmann an einem Schlaganfall. Seitdem treffen Konstantin und ich uns hin und wieder zu kulturellen Veranstaltungen. Etwas, was ich sonst mit niemanden teile oder aushalten würde, haben wir gemeinsam: eine gewisse Vertrautheit aus frühen Tagen, unsere Erinnerung an Alex und eine respektvolle Distanz, die uns einander vom Leibe hält. Wir könnten uns genauso gut siezen.

Die plötzliche Stille in den Gängen holt mich in die Gegenwart zurück. Die Turbulenzen haben sich gelegt, wir stehen kurz vor der Landung.

In Marseille fahren wir mit unserem Mietauto zu unserer Unterkunft in Vauvert, dreißig Minuten von Arles entfernt. Bereits zu Hause hatten wir lose vereinbart, dass ich das Mietauto fahren würde. Eigentlich kam das mehr von Konstantin, wie ein kleiner Überfall. »Du fährst und ich kann dann Rotwein saufen.« Er schlug mir freundschaftlich auf die Schulter und lachte schallend. Ich akzeptierte, weil ich Konstantins Fahrstil kannte: unberechenbar. Außerdem wusste ich, dass er auf dem rechten Auge schlecht sieht. Mein alter Freund rückt nie ganz mit der Wahrheit heraus. Vielleicht war er inzwischen fast blind auf der einen Seite. Grund genug, das Steuer in der Hand zu behalten.

Unsere Unterkunft ist ein altes, schmales Eckhaus mit drei Stockwerken, mitten im Dorf. Einen Parkplatz gibt es nicht. Da keiner der Anwohner eine Garage hat, sind alle Plätze an der Straße belegt und wir müssen ein paar Straßen weiter parken. Im Erdgeschoss liegt eine große Steinküche, in der uns die Vermieterin mit einer Flasche Rosé empfängt. Das Häuschen gehörte ihren Großeltern und ist liebevoll im Shabby-chic-Stil eingerichtet. Konstantin ist begeistert. Er liebt das Rustikale. Ich bemerke die steile Steintreppe mit den glatten Stufen, die erst im zweiten Stock in die Schlafzimmer führt. Im mittleren Stock liegen Bad, WC und ein kleines Wohn- und Fernsehzimmer. Nach einer gemeinsamen Flasche Rosé fallen wir gegen Mitternacht müde in unsere Betten.

Als wir am nächsten Morgen die Haustür öffnen, schlägt uns ein Schwall von warmer Luft entgegen. Einige alte Männer aus den Nachbarhäusern stehen beieinander und beäugen uns neugierig. »Bonjour« rufen wir ihnen pflichteifrig zu. Bonjour Madame, Monsieur«, schallt es freundlich zurück. Die nächsten Tage erkunden wir die Umgebung und freuen uns daran, dass wir in einem Dorf gelandet sind, in dem sich nur wenige Touristen aufhalten. Hier gibt es keine Sehenswürdigkeiten, sondern nur ein paar Läden für den täglichen Bedarf. Fast Food hat allerdings auch hier Einzug gehalten. In den zwei einzigen Cafés im Ort sitzen Rentner, Arbeitslose und Hausfrauen.

Der Gang zur Baguetterie lässt unsere Urlaubsherzen höherschlagen. Wir kramen unser Schulfranzösisch hervor und obwohl Konstantin meint, sich an keine einzige Vokabel erinnern zu können, hat er oft genau die richtige parat, die mir zum Satz fehlt. Natürlich gehört aufs Baguette morgens Mirabellenkonfitüre, die nirgendwo so gut schmeckt wie in Frankreich, und ein reifer »Fromage«. Wir decken uns mit Lebensmitteln ein, denn wir wollen hin und wieder selbst kochen.

Die ersten paar Tage lassen wir das Auto stehen und streifen durchs Dorf, kehren meist mittags nach Hause zurück, um uns im belüfteten Schlafzimmer auszuruhen. Am späten Nachmittag landen wir immer in dem kleinen Bistro und Café am Dorfplatz für ein oder zwei Gläser Rotwein, der mir in der Kehle brennt wie Essig.

»Ich dachte, wir sind im Weinland Frankreich. Wo ist der weiche, samtige Rotwein, der mit großem Abgang die Kehle heruntertanzt?« Ich schaue meinen Begleiter fragend an. »Wie wär's mit Pastis?«, schlägt Konstantin vor. Genau, den hatte ich ja fast schon vergessen. Als ich den blumigen, frischen Geschmack des Anislikörs auf der Zunge schmecke, bin ich versöhnt.

Die Temperaturen steigen in den nächsten Tagen auf achtunddreißig Grad. Die Luft steht und der Asphalt dampft. Ich falle in den mediterranen Schlendergang. Kochen fällt aus, weil sich in der Küche die Hitze besonders stark staut. Das alte kleine Haus speichert die Wärme, vorsorglich haben die Vermieter in den Schlafzimmern eine Air-Condition eingebaut. Trotzdem setzen wir uns nach ein paar Tagen ins Auto und besuchen Arles, den Pont du Gard in Avignon und Saintes Maries-de-la-Mer. Diesen Pilgerort aus frühen Zeiten erkenne ich kaum wieder. Souvenirläden, Badeläden, Restaurants, Cafés reihen sich dicht an dicht, ein wirkliches Zentrum gibt es nicht. Ich kaufe mir einen Sonnenschirm, aber das Meer bietet keine Abkühlung und der Strand keinen Schatten. Auf dem Sand verbrennen unsere Füße. Kein Lüftchen geht. Es ist kaum auszuhalten, nirgendwo. Wir beschließen, unsere Ausflüge auf den Nachmittag zu verlegen. Was aber tun bis dahin? Im Haus lässt es sich nur im Schlafzimmer aushalten. Konstantin läuft Vauvert und Umgebung ab. Mir ist auch das zu heiß. Ich lese im Schlafzimmer oder setze mich ins Dorfcafé.

Am dritten Tag spricht mich ein Gast, der am Nebentisch sitzt, an und will wissen, woher ich komme.

»D'Allemagne, ah bon.« Der kräftig gebaute Endfünfziger mit blitzenden Augen lächelt mich an. Sein Blick fällt auf meine braungebrannten Beine, die in khakifarbenen Shorts stecken. Wir radebrechen in Französisch und Spanisch, das ich mal als Studentin gelernt habe. Antonio ist Spanier, arbeitet als Weißbinder und lebt schon lange in Frankreich. »Bist du verheiratet?« Oder will er wissen, wo mein Mann ist? Ich verstehe nicht jedes Wort. Ich murmele etwas von einem guten Freund und lächle. Wieder gleitet sein Blick zu meinen Beinen. Er öffnet einen weiteren Knopf seines hellblauen, kurzärmeligen Hemdes, und lässt den Blick frei auf ein goldenes Kettchen mit einem Kreuz, das in seiner schwarz behaarten Brust versinkt. In eine der nächstliegenden Gassen wohne er, ich verstehe wieder nicht alles, nur so viel, dass ich direkt mit ihm mitgehen könne. »Ich koch was Schönes für dich«, lockt er mit einem gewinnenden Lächeln. Mein Blick fällt auf seine Zahnlücke oben rechts. »Eine Paella, comprendres? Die kann hier keiner so gut wie ich.« »Vraiment?« Ich werfe den Kopf in den Nacken und lache.

Ich denke an Astrid, eine frühere Kollegin, die es mit fünfundfünfzig nach Griechenland verschlagen hat: »In Ländern wie Griechenland, Frankreich oder Italien wirst du bis ins hohe Alter als Frau wahrgenommen, während du in Deutschland schon ab fünfunddreißig in der Versenkung verschwindest. Flirten ist hier Teil des Lebensgefühls.« Warum schreibe ich mir Antonios Telefonnummer auf? Es wird kein Wiedersehen geben. Es ist einfach zu heiß! Gutgelaunt schlendere ich zu unserem Domizil zurück.

Nach fünf Tagen ist die anfängliche Urlaubslaune verflogen und macht einer gewissen Schwere Platz. Die Hitze macht uns zu schaffen. Nach jeder Unternehmung sind wir froh, wieder zu Hause zu sein. An einem Nachmittag, wir sind auf der Rückfahrt vom Meer, will Konstantin Sonnenblumen für unsere Küche pflücken. Wo war denn das Sonnenblumenfeld, an dem wir erst gestern vorbeigefahren sind? Wir fahren eine Stunde im Kreis, bis wir es wiederfinden. Mein Begleiter stürzt bewaffnet mit seinem Taschenmesser aus dem Auto und taucht in das Meer von Sonnenblumen ein. Ich warte. Er lässt sich Zeit. Dann endlich taucht sein Gesicht wieder auf und strahlt. Wie eine Trophäe schwenkt er einen Riesenstrauß von langen Sonnenblumen über seinem Kopf. Mir ist plötzlich alles zu viel. Das Autofahren, die Hitze, der unnötige Raub an der Natur. Ich halte mich mit Kommentaren zurück, denn Konstantin ist einfach nur glücklich. Mein Lavendelfeld allerdings werde ich auf der ganzen Reise nicht finden.

Dieser gemeinsame Urlaub ist ein anderer als der vor zwei Jahren in Irland. Unsere Gespräche waren offener, lustiger, persönlicher. Hier in Südfrankreich haben wir kaum Gesprächsstoff. Wir reden über das Hier und Jetzt, was wir unmittelbar sehen und wahrnehmen. Gespräche über Politik, das geht immer. Aber nichts, was die eigene Oberfläche durchdringt.

Konstantin redet nicht darüber, was ihn bewegt, bedrückt oder erfreut. Vor allem nicht über die Vergangenheit. Umgekehrt will auch er nichts von mir wissen. Vielleicht hat er mir gar einiges voraus, ist ein fleißiger

Zen-Schüler geworden und praktiziert tagtäglich »Carpe diem«. Lebe den Moment. Du bist nicht deine Gedanken und so weiter. Konstantin sieht man meist mit hochgezogenen Mundwinkeln, einem feinen Lächeln, das in seinem Gesicht sitzt wie bei einem Buddha. Mit der Bedienung in den Lokalen reißt er gerne Witze, gibt sich jovial. So richtig lustig mit ihm wird es erst nach einer Flasche Wein. Mein guter Freund bleibt mir ein Rätsel.

Beide leben wir schon seit vielen Jahren allein. Ob man verlernt, im engen Radius miteinander zu kommunizieren? Vielleicht haben wir beide in den letzten zwei Jahren den inneren Rückzug angetreten. Weiß man das? Es sagt einem ja keiner. Meine ältere Schwester meint, mir fehle zu Hause ein Korrektiv – aus ihrer Sicht – ein Ehemann. Die ehemalige Lehrerin denkt, ein Partner helfe einem dabei, nicht komisch zu werden. Oder entwickeln gelegentlich nicht auch Paare Überlebensstrategien, Ausweichmanöver oder gnadenloses Dominanzverhalten?

Ich will nicht in Melancholie versinken und rufe mir ins Gedächtnis, was ich mit meinem alten Freund gemeinsam habe: den Gaumenschmaus. Es ist später Nachmittag und ich lade ihn zum Austernessen in der Bar »Chez Michel« am Plage de L'Espiguette ein, wo wir eine halbe Stunde später auf der Terrasse an einem Stehtisch auf Hochstühlen sitzen – mit Blick auf das offene Meer.

Vor mir auf dem Teller liegen drei Austern in ihrer Kluft, wunderschöne Muscheln, die aussehen, als wären sie schon seit Jahrhunderten unterwegs. In der hübschen Schmuckschatulle von Muschel liegt also das milchig, glibberige Ding, angeblich das Köstlichste von der Welt.

»Konstantin, zeigst du mir, wie man die Tierchen richtig isst?«

»Mit der Gabel entfernst du Bart und Darm, beträufelst das Fleisch mit Zitronensaft und schlürfst es zusammen mit dem Meerwasser aus«, erklärt mein Freund geduldig.

Ich trenne vorsichtig das geleeartige Gebilde vom Boden ab und sehe, wie es sich zurückzieht.

»Konsti, guck mal, das Zeug bewegt sich!«

Er grinst breit über das ganze Gesicht – ein seltener Anblick.

»Das Tierchen lebt ja auch noch.«

»Nee.« Ich halte erschrocken inne.

»Doch! Tote Austern sind unverträglich.«

»Ich muss jetzt erst mal 'nen Schluck von unserem »Dune gris de gris« trinken – auf den Schreck.«

Wir stoßen mit dem leckeren Rosé aus der Region Languedoc/Roussillon an, dem maritimen Terroir, Jahrgang 2018 – ein herrlich erfrischender und anregender Wein, der mich für einen Moment die Entdeckung der Auster vergessen lässt. Das Meer ist ruhig. Um uns herum füllt sich das Lokal, heitere Stimmung, ein paar tobende Kinder dazwischen, die im Urlaub bis spät dabei sind.

Konstantin scheint in seinem Element zu sein. Er liebt das Zeug und hat schon einmal zwanzig auf einen Schlag vernascht. Das vermeintlich Aphrodisierende der Auster wäre ja hier – zwischen uns – Perlen vor die Säue, oder nicht?

Der Anblick der geöffneten Muschel: oh là là. Ich führe mit Konstantin zeitgleich die Muschel zum Mund. Mit Schlürfen ziehe ich das Fleisch auf meine Zunge und gebe den Import unzerkaut an den Gaumen weiter, der die Beute fix den Schlund herunterbefördert. Was bleibt, ist der Geschmack von Meerwasser. Das schmeckt nach mehr.

Mein Tischnachbar reibt sich genüsslich seinen Bauch.

»Hm – vom Feinsten, vom Feinsten. Du musst dir um das Tierchen gar keine Gedanken machen, Mo.« Überrascht schau ich meinen Tischnachbarn an. So wurde ich früher in der Schule gerufen.

»Die Auster nimmt ihre Umwelt sowieso nicht bewusst wahr.«

»Was wissen wir denn schon darüber, was eine Auster wahrnimmt.«

»Naja, schau mal, die Auster hat kein Gehirn und in der Schale befindet sich nur ein großer Schließmuskel.« Ich verschlucke mich fast: »Du meinst, wir essen hier den gehirnlosen Arsch?«

Konstantin kräuselt die Stirn. »Nein, natürlich gibt's auch noch ein Herz und ein paar Nerven oder so. Denk einfach an die vielen Spurenelemente, Enzyme und Vitamine, die du mit der Auster zu dir nimmst.«

Er weiß, dass ich ein Gesundheitsfreak bin. Mein guter Freund führt die dritte Auster an seinen Mund, ein paar blaugrüne Augen blinzeln mich über den Muschelrand an und ein Schlürfen, wie der Zug eines Nikotinsüchtigen, unterbricht das Gespräch. Ich beobachte gebannt, wie mein Begleiter dieses Mal den Austernleib kaut und zerlegt.

»Da gibt's noch etwas«, sagt Konstantin und lächelt verschmitzt.

»Na?« Ich bin beim dritten Glas »Dune gris de gris« angelangt und die dritte Auster ist gerade dabei, unaufgeregt meinen Schlund hinunter zu schwimmen.

»Die Austern sind zweigeschlechtlich. Speziell die europäischen Austern sind im ersten Jahr vorwiegend männlich und ändern dann immer wieder ihr Geschlecht.«

»Hm, was du nicht sagst. Ist 'ne Alternative.« Meine Zunge liegt schwer im Mund. Ich erhebe mein Glas und versuche Konstantins Blick zu treffen.

»Ich bedanke mich gaaanz herzlich für den lehrreichen Vortrag, Konsti. Es lebe der Austernarsch mit Herz.« Er prostet mir zu und grinst vergnügt. »Heute fahr ich!«

Zurück in unserem Ferienhäuschen in Vauvert haben wir es beide plötzlich sehr eilig, in unsere Schlafzimmer zu gelangen. Es dauert keine zehn Minuten in meinem Bett und ich gleite ins Land der Träume.

Laura, die Abteilungsleiterin für Sprachen, prüft mich fürs Abitur. Um mich herum Klassenkameraden. Ich soll aus dem Nippes ihrer Privatsammlung Skulpturen interpretieren. Ich habe Mühe damit. In ihrer Wohnung ist ein Loch im Boden und von unten wollen Kätzchen hochsteigen. Ich könnte das Handy benutzen, mach ich aber nicht. Die Prüfung scheint so unsinnig. Lieber würde ich etwas Geschichtliches erzählen.

Schweißgebadet wache ich auf. Was macht Laura in meinem Traum? Bei einer englischen Abiturprüfung vor ein paar Jahren habe ich aus ihrer Sicht einen Fauxpas begangen. Ich habe die Schüler die zweisprachige Ausgabe von Shakespeares »Othello« benutzen lassen, die sie auch vorher im Unterricht lesen durften. Wie jedes Jahr ging die Kollegin mit hoch erhobenem Haupt prüfend durch die Reihen. Als sie diese zweisprachige Ausgabe entdeckte, rief sie mich zu sich und wir verließen für einen Moment den Konferenzraum. Im knochentrockenen Tonfall befahl sie mir: »Du ziehst jetzt *sofort* die zweisprachige Lektüre ein und ersetzt sie durch die einsprachige, die wir in der Schulbibliothek vorrätig haben.« »Okay, mach' ich«, antwortete ich. Wobei ein »Aye, Aye, Sir« wohl eher gepasst, sie aber unnötig aufgeregt hätte.

Wir kamen aus unterschiedlichen Welten. Sie war ein Gewächs des schulischen Behördenapparats, vertraut mit den Richtlinien und entschlossen, auf keinen Fall davon abzuweichen. Ich dagegen hatte den größten Teil meiner Berufslaufbahn im »freien Feld« verbracht und war es gewöhnt, die Mittel einzusetzen, die den Lernenden weiterbrachten. War es noch zeitgemäß, von Schülern des Gymnasiums zu erwarten, dass sie sich in die Sprache von Shakespeare einfinden, die noch nicht einmal ein Großteil ihrer Lehrer beherrschte? Aus ihrer Sicht war ich mit meinen elf Jahren Unterrichtstätigkeit im beruflichen Gymnasium eine Durchreisende. Und damit hatte sie vollkommen recht.

Ich sitze wieder im Café am Dorfplatz in Vauvert und trinke ein Tonic, während Konstantin seinen täglichen Spaziergang durchs Dorf macht. Zu dem schon bekannten Publikum gesellt sich regelmäßig ein älterer Mann mit roter Nase, weit aufgerissenen, wässrigen Augen und wirren rotblonden Haaren. Er läuft von Tisch zu Tisch, zieht Grimassen, redet aber nicht. Vielleicht ist er taubstumm oder hat eine geistige Behinderung? Oder ist er der Dorfclown? Die Leute scheinen ihn zu kennen und lassen ihn gewähren. Ich vertiefe mich wieder in mein mitgebrachtes Buch, als ich plötzlich von einem schlurfenden Geräusch an meinem Tisch hochschrecke. Mir gegenüber sitzt der Clown und kippt mein Glas Tonic in sich hinein. Blitzschnell, bevor ich irgendetwas sagen kann, verschwindet er, wie er gekommen ist. Fast bühnenreif. Es fehlte noch, dass er mir eine lange Nase drehte. Mein Französisch reicht nicht, um mich aufzuregen.

Wie ein Lauffeuer muss diese Begebenheit zum Wirt vorgedrungen sein, denn es dauert nicht lange und er bringt mir ein neues Tonic. »Excusez–moi, Madame.« »Merci, Monsieur.« Ich lächle verlegen. So wirklich gemütlich finde ich es nun hier nicht mehr und gerate ins Grübeln. Was hat mich geritten, im Hochsommer Urlaub in Südfrankreich zu machen? Seit vielen Jahren mache ich in den Sommermonaten keinen Urlaub mehr in Italien oder Spanien. Wegen der Hitze. Und in den letzten Jahren hatten wir richtig hohe Temperaturen. Da zieht es mich normalerweise an die Nord- oder Ostsee. Frankreich hat offenbar ein Gefühl in mir ausgelöst, das die erworbenen, gut begründeten Prinzipien löschte: Savoir-vivre! Ich war auf der Suche nach einem neuen Lebensgefühl und dachte, das könne ich in Südfrankreich finden.

Meine erste Erfahrung mit Frankreich war ein vierwöchiger Schüleraustausch bei einer Familie in Nordfrankreich. Weit ab vom Atlantik. Das Dorf lag abgelegen und zu Fuß kam ich nicht weit. Michelle, die Tochter, mit der ich ein Bett teilen musste, war elf Jahre alt, ich vierzehn. Die Großstadtpflanze und das Landmädchen hatten sich nichts zu sagen. Blieben sich fremd. Der Funke zur französischen Sprache und Kultur sprang damals nicht über.

Ich war noch zu jung für Frankreich. Es brauchte die romantische Liebe, ein paar Zigaretten und ein Glas Rotwein, um sich mit Frankreich neu anzufreunden. Den Beaujolais habe ich erst als Studentin gekostet und dabei mit Hannes, meiner ersten großen Liebe, auf der bodentiefen Bettmatratze liegend, eng aneinander geschmiegt den melancholischen Liedern von Georges Moustaki gelauscht. *Le Temps de Vivre* war eines unserer Lieblingslieder: *Nous prendrons le temps de vivre, d'etre libres, mon amour. Sans projects et sans habitudes, Nous pourrons rèver notre vie. (Wir könnten uns die Zeit zum Leben nehmen, um frei zu sein, meine Geliebte. Ohne Pläne und Regeln würden wir unser Leben träumen).*

Viens, je suis là, je n'attends que toi. Tout est possible, tout est permis. (Komm, ich bin hier. Ich warte auf dich. Alles ist möglich. Alles ist erlaubt). Den Refrain sangen wir lauthals und mit großer Inbrunst. Die Zeilen schmeckten nach Freiheit, nach einem selbstbestimmten Leben und nach Sand, Meer und nackten Füßen. Und nach etwas, das wir gerade neu entdeckt hatten: die Liebe.

Ob ich nach meiner Rückkehr mein Französisch wieder aufpoliere? Der Urlaub hat mein Interesse an unseren

Nachbarn neu geweckt. Ich schätze den selbstbewussten Nationalismus der Franzosen. Und doch lassen sie sich von ihrer Regierung nicht alles bieten. Die Rebellion hat Tradition. Zudem gefällt mir die persönliche Geschichte des französischen Staatspräsidenten, der seine ehemalige Lehrerin geheiratet hat. Die zwanzig Jahre ältere Brigitte ist nun Première Dame. Spielt ein Altersunterschied zwischen Frauen und Männern überhaupt eine Rolle? »Chacun à son gout«, jeder nach seinem Geschmack.

Was habe ich in diesem Urlaub gelernt? Die Angst, nicht mehr allein reisen zu können, ist einer Neugier gewichen, die Welt wieder einmal solo zu erkunden. Das werde ich im August bei meiner nächsten Reise in die USA erleben. Der erste Monat ins neue Rentnerleben ist eröffnet! Die Hitze Südfrankreichs zwang mich, einen Gang runter zu schalten. Wir blieben frei von aktionistischen Besichtigungstouren oder verbrutzelten Strandtagen. Konstantin hat sich nicht in meine Alpträume eingemischt und mir keine Vorträge gehalten. Es war alles gut so, wie es war. Ein Urlaub im Schlendergang – mit allen Sinnen und dem feinen Flügelschlag eines neuen Lebensgefühls.

August
Allein auf großere Reise – Die große Freiheit II

Einen Monat nach meiner Verabschiedung und kurz vor meiner Abreise in die USA drängt es mich, das Aufräumen fortzusetzen. Ich stehe in meinem Arbeitszimmer und greife staunend nach den Büchern aus der zweiten Reihe. Da befinden sich ja immer noch ein paar Unterrichtsbücher, Sprach- und Geschichtshandbücher. Habe ich ernsthaft geglaubt, dass ich sie noch einmal zum Einsatz bringen würde? Vielleicht zwecks Englischunterricht für die Oldies? Geschichtslektionen für Flüchtlingskinder? Weg damit. Die Reise nach Frankreich hat mich entschlussfreudiger gemacht. Ich möchte nichts Altes mehr aufwärmen. Vielleicht war meine pädagogische Ader nie besonders ausgeprägt. Eher meldet sich von Zeit zu Zeit mal der Coach in mir, der gerne dem einen oder anderen die Augen öffnen möchte für die Gelegenheiten, die es zu ergreifen gilt.

Wir stehen im Stau, kurz vor dem Offenbacher Kreuz. Mein guter alter Freund Bert, am Steuer seines SUVs, bleibt ruhig, während ich innerlich tobe. Die Autokarawane schleppt sich im Schneckentempo voran. In zwanzig Minuten muss ich am Flughafen einchecken. Das schaffen wir nie. Ich rufe den ADAC an. Dort weiß man nur von einem Mini-Stau, der sich in fünf Minuten auflösen soll. Dieses Mal muss ich für die Einreise in die USA zu einem separaten Check-in. Europa, Ort der Demokratie, des Friedens und der Gleichberechtigung! »Bert, mit erhobenem Haupt werde ich in die USA einreisen und mich nicht finsteren Gedanken hingeben, ob die Trump-Regierung eine Europäerin zurückschicken wird, weil sie vielleicht die falschen Bücher im Gepäck hat.« »Was für Bücher?« Bert sieht mich erstaunt an.

Amerikakritisches, Afroamerikanische Literatur, Frauenbewegtes? Mein Freund schüttelt ungläubig den Kopf. »Du bist im Reisefieber, Monika. Entspann dich mal.« Leicht gesagt. Sehe mich schon den Flieger nach Boston verpassen.

Eigentlich wollte ich unter den gegenwärtigen politischen Verhältnissen nicht in das Trump-Amerika reisen. Aber dann bin ich im Internet auf die Ankündigung eines Schreibseminars mit Natalie Goldberg gestoßen, einer Autorin und Schreiblehrerin, die mich in den achtziger Jahren zum Schreiben gebracht hat. *Schreiben in Cafés* ist ein Bestseller, der bis heute aufgelegt wird. Jetzt war ich terminlich frei, sie live in einem Workshop erleben zu dürfen. *Old Friend from Far Away. The Practice of Writing Memoir.* Über das autobiographische Schreiben. Ich buchte spontan, politische Lage hin oder her. Goldberg war bereits über siebzig und ich gehe auf die siebzig zu. Wer weiß, wann es eine nächste Gelegenheit geben würde.

Mittlerweile sind zwanzig Minuten vergangen und wir stehen immer noch im Stau. Ich dränge Bert, die nächste Ausfahrt zu nehmen und zehn Minuten später sind wir endlich am Flughafen.

Jetzt bin ich auf dem Weg nach Boston, an die Ostküste, wo angeblich meine astrologischen Linien von Sonne und Mond und Planet Jupiter optimal zueinander stehen sollen, erklärte mir die Beraterin für astrologische Kartographie. Was wird mich erwarten? Es ist dreißig Jahre her, dass ich eine so große Reise gemacht habe, eine Reise in die neue Welt. Wird sie mir helfen, den Teil der alten Welt hinter mir zu lassen, der mich immer noch belastet? Schmerzhafte Erinnerungen, der Stress der letzten zwei Jahre, anhängliche Gepäckstücke, die ich endlich abwerfen sollte. Wird es ein Durchbruch fürs Schreiben? Werde ich klarer wissen, wie ich ab jetzt leben will? Ich bin mit einem größeren Selbstbewusstsein unterwegs als damals vor dreißig Jahren – und einem offenen Herzen.

Alles fing mit dem Workshop »Creative Writing« an, den ich bei einem meiner Aufenthalte in den USA 1988 besuchte. Wir waren eine kleine Gruppe von nur vier Leuten, die schreiben lernen wollten. Das Seminar fand im Wohnzimmer der Seminarleiterin statt, in einem hellen, kalifornischen Haus, das auf einem kleinen Hügel in Berkeley stand, umgeben von Eukalyptusbäumen. Von dort hatten wir einen weiten Blick bis zur Bucht. Ich erinnere den Duft von Rosenblüten, der den Raum erfüllte. Wir schrieben nach Zeit. Grace gab die Stichworte vor und wir flogen fünf Minuten lang über den Notizblock, ohne die Schreibfeder abzusetzen. Gedanken über einen Sonnenuntergang oder das Aufwachen. Wilde Phantasien, Unsinniges, Halbfertiges – alles war erlaubt. Nur eines nicht: die Feder ruhen zu lassen und ins Grübeln zu geraten. Das war Schreiben nach der Methode von Natalie Goldberg.

Diese erste Erfahrung mit dem Schreiben war sehr vergnüglich und inspirierend. Wie unterschiedlich unsere Wahrnehmungen waren und welche hunderttausend Geschichten eine nackte Glühbirne lieferte. Jene Schreibnachmittage hinterließen in mir jedes Mal ein Gefühl von Glückseligkeit und Erfüllung. Das Samenkorn war gelegt, das Schreiben gehörte zu mir, weil es mich an einen Ort der Stille führte, die meinen sehr geschäftigen Geist zur Ruhe kommen ließ. Von Kindesbeinen an hatte ich Tagebuch geschrieben, später Reisenotizen verfasst, persönliche Gedanken und Träume notiert. Damals wusste ich noch nicht, dass persönliche Erfahrungen ein ernstzunehmender Teil des Schreibens waren.

Es würde noch einige Jahre dauern, bis ich Gelegenheit erhielt, an einem Buchprojekt zu arbeiten und etwas zu veröffentlichen. Die Themen kamen aus meiner Beratungspraxis: Geschichten über Menschen, die reif für eine Veränderung waren. Beruflich und persönlich. Nach zwölf Jahren Schreiben und Veröffentlichen geriet ich in eine längere Arbeitspause, versuchte mich neu auszurichten, weg vom Sachbuchschreiben, hin zum kreativen Erzählen. Spannende Kurzgeschichten wollte ich schreiben können, tat mich aber schwer mit dem Konstruieren von Geschichten. Am besten gelangen mir Geschichten, die meiner Erfahrung entsprangen und die ich dann verfremdete oder überzeichnete. Als ich auf Natalie Goldbergs Buch über das Memoir-Schreiben stieß, stellte ich fest, dass diese Art des biografischen Schreibens längst zu einem anerkannten Teil von Literatur geworden war.

Ich verbringe zwei Tage in Boston und schließe mich einer Tour an, die entlang dem vier Kilometer langen »Freedom Trail« durch die Stadt führt. Der im historischen Kostüm gekleidete Guide singt im tiefsten Bariton die Touristen herbei, um den Beginn der Führung anzukündigen. In einer kleinen Gruppe begleitet er uns zu siebzehn historischen Sehenswürdigkeiten. Es handelt sich überwiegend um Kirchen, Friedhöfe, Denkmäler wie die Statue von Benjamin Franklin oder das Old South Meeting House, wo die Boston Tea Party geplant wurde, oder auch die USS Constitution, die amerikanische Fregatte, die 1797 vom Stapel lief. Obwohl der Stadtführer amüsant erzählt, die ungeheure Geräuschkulisse einer brodelnden Großstadt im Hintergrund ermüdet nicht nur meine Ohren, sondern auch meinen Geist. Vielleicht ist es auch der Jetlag. Die Informationen rauschen an mir vorbei und ich lasse meinen Blick schweifen. Boston ist kein typisch amerikanischer Beton-Moloch, sondern eine Stadt mit europäischem Flair, modern sanierten Gebäuden in historisch gewachsenen Vierteln.

Überall stehen Horden von Touristengruppen, die entweder geführt oder animiert werden. Ein paar afroamerikanische Musiker animieren eine Gruppe von weißen amerikanischen Touristen, das Feuer in ihren Lenden zu entfachen. Die auserwählten Männer müssen mit den Hüften wackeln, die Arme rhythmisch von links nach rechts werfen und dem Anführer im Entengang folgen. Das Publikum ergötzt sich an den unbeholfenen Vorführungen. Einige legen sich mächtig ins Zeug und schneiden gut ab, was von großem Gejohle begleitet wird. Würde sich in Deutschland jemand finden, der auf der Straße den Bären macht? Hier im Sommer 2019 scheint die Welt in Boston für einen Moment in Ordnung.

Ich habe vorsorglich mein Leihauto bei der Unterkunft gelassen, die in dreißig Minuten mit öffentlichen Verkehrsmitteln vom Stadtzentrum zu erreichen ist. Parkplätze sind rar und teuer in der City und der Abschleppdienst ist schnell bei der Sache. Am späten Nachmittag stehe ich in einer überfüllten U-Bahn, als mich die weiche Stimme einer jungen Frau vor mir aus den Gedanken holt: »You'd like a seat?« Ich zucke innerlich zusammen und schneller, als mir lieb ist, lehne ich mit »Thanks, I'm fine« freundlich ab. Jetzt ist es amtlich. Ich sehe so alt aus, wie ich bin. Wie dumm von mir, ihr Angebot nicht anzunehmen, so müde und energielos, wie ich mich nach dem Stadtspaziergang fühle.

Mein Blick streift das feingeschnittene Gesicht der jungen Frau mit asiatischen Wurzeln, vielleicht Anfang zwanzig, und ich stelle mir vor, dass sie ein respektvolles Verhältnis zu älteren Menschen gelernt hat. Würde mir das auch in Deutschland passieren? Seitdem die Best Agers nicht mehr in »beige« herumlaufen, auf ihren Mountainbikes durch die Wälder brettern oder auf elektrischen Rollern über die Bürgersteige surren, wird es da nicht immer schwieriger, jemanden ab sechzig als echten Senior wahrzunehmen, der unbedingt einen Sitzplatz verdient? Zwei Stationen später steigt die Freundliche aus und ich lasse mich dankbar auf ihren Platz fallen.

Am nächsten Tag verlasse ich Boston und begebe mich

auf die Route 95 Richtung Norden nach Rockport, wo das Schreibseminar stattfinden wird. Ohne Navi werde ich jetzt zwei Bundesstaaten durchqueren. Bin ein bisschen nervös, ob ich den Weg über Massachusetts und New Hampshire nach Maine finden werde, ohne mich zu verfahren. Auf dem Beifahrersitz liegt die Straßenkarte. Als ich die ersten Abzweigungen ohne Problem finde, löst sich meine Anspannung und ich beginne, meine Soloreise zu genießen. My personal Freedom Trail. Neuengland wurde mir oft schon als sehr europäisch beschrieben und ja, gottseidank, keine Skyscraper und hohen Bürotürme. Ich passiere idyllische, kleine Hafenstädte, Flohmärkte, Gallerien, Verkaufsstände für Blaubeeren. Ich befinde mich in einem Teil der USA, der von Demokraten dominiert wird und von Individualisten, die ihre politische Meinung kundtun.

Im Vorbeifahren durch eine kleine Stadt sehe ich einen Mann, in meinem Alter, auf einer Brücke stehen. Seine silbergrauen, langen Haare flattern im Wind. Er hält eine Flagge im Arm, auf der steht: »Send our troops home« – wahrscheinlich sind die Truppen am Hindukusch gemeint. Ob er auch in den siebziger Jahren auf den Bürgerrechtsdemos mitmarschiert ist? Einige Ecken weiter fällt mir ein kleines Plakat auf, das an der Tür eines Buchladens hängt: »Hate has no home here« (Hass ist hier nicht zuhause). Das Statement ist in fünf verschiedenen Sprachen übersetzt worden.

»Make America good again« lese ich im Vorbeifahren auf einem Banner, das an einem Wohnhaus befestigt ist. Es ist die Antwort auf den Slogan des gegenwärti-

gen Präsidenten »Make America great again«. »Good«
im Sinne von anständig, vertrauenswürdig, fair. Es gibt
noch das andere Amerika und ich bin froh, in diesem
Teil des Landes zu sein.

Am Nachmittag komme ich in Rockport an und fahre
zur Unterkunft, wo auch die Sommerworkshops stattfinden. Ich beziehe das mir zugewiesene Zimmer 214
auf der ersten Etage: Dunkelbraunes, für Neuengland
typisches, schweres Mobiliar, brauner Teppichboden.
Bronzefarbene Leuchter und auf der Kommode liegt
eine rosafarbene Marmorplatte. Darüber hängt ein Bild
mit dem Hafen von Rockport, goldumrahmt. Ich habe
das Gefühl, in das Schlafzimmer meiner Oma zu treten.
Auch bei ihr gab es dunkle, schwere Möbel, die jahr-
zehntelang an derselben Stelle standen. Als ich zur Welt
kam, war meine Großmutter im selben Alter, in dem
ich jetzt bin. Ich kenne sie nur in grauen Kostümen und
weißen Blusen. Vielleicht liegt es auch an dem leicht
säuerlichen Geruch, wie ihn oft alte Menschen verströ-
men, der in dem Raum hängt. Ich will mich nicht gleich
beschweren und hole mein Raumspray aus dem Koffer.
Das habe ich schließlich für solche Fälle mitgenommen.

Im Erdgeschoss sitzt im gemeinsamen Wohnzimmer
eine junge Frau, Ende zwanzig, und liest ein Buch. Sie
hört mich hereinkommen und blinzelt mir freundlich
zu. Wir stellen uns gegenseitig vor und Tais, so heißt sie,
kommt gleich zum Punkt: »Are you a writer?« (Bist du
Autorin?). Ich fühle mich überrumpelt. »Well, no. Yes.
I don't know.« Ich winde mich wie ein Fisch. »You look
like one«, (Du siehst wie eine aus) schiebt sie augen-

zwinkernd nach. Tais beherrscht den amerikanischen Smalltalk: leichtfüßig, gewinnend und verbindend. Wir stellen fest, dass wir etwas gemeinsam haben: Wir kommen beide aus Europa. Tais ist Ukrainerin und lebt auf einer griechischen Insel. Wie sich bald herausstellen wird, bleiben wir auch die einzigen vom alten Kontinent. Alle anderen, zweiundzwanzig Frauen und ein Mann im Alter fünfundfünfzig plus, kommen aus Florida, Ohio, Neuengland und anderen Staaten der USA.

Das Seminar beginnt mit einer selbstgeführten Meditation, vor dem Frühstück im Freien. Eine der Assistentinnen von Natalie hat die Aufgabe, uns den Start– und Schlussgong von ihrem Handy zu geben. Da das Plätzchen so kalt und ungemütlich ist, beschließe ich ab dem dritten Tag, die Meditation allein im Zimmer durchzuführen. Erst gegen zehn Uhr kommt Natalie Goldberg in den Seminarraum geschlendert und begrüßt uns. Schlaksig, in legeren Meditationshosen und T-Shirt sieht sie so aus, wie ich sie von Fotos kenne. Auf den ersten Blick scheint es, als habe sie sich in dreißig Jahren äußerlich kaum verändert. Der braune Kurzhaarschnitt, sonnengebräunte Haut, hellbraune Augen, buschige Augenbrauen. Sie strahlt eine ruhige Intensität aus, die mich in die Konzentration bringt. Dann ihre trockene Art, Dinge von Bedeutung mit einem unbewegten Gesichtsausdruck zu formulieren. Eine gewisse Dramaturgie ist dabei, wenn sie ihre Erfahrungen und Weisheiten mit uns teilt. Sie spricht im Zeitlupentempo, akzentuiert und mit weicher Stimme, fast tonlos. Wir werden lernen, wie das Gedächtnis funktioniert, verkündet sie. Die Schriftstellerin, die seit vierzig Jahren Schreibworkshops gibt, legt keinen Wert auf einen Diskurs, auf Diskussionen, Feedback, Weiterbildungsmethoden, wie ich sie aus der deutschen Seminarwelt kenne. Sie ist der Meinung, dass Rückmeldungen der Autorin nicht helfen zu wachsen. Sie soll ihre Autorenpersönlichkeit aus sich selbst heraus entwickeln.

Natalies Sichtweise ist vom Buddhismus geprägt, den sie seit dreißig Jahren praktiziert. Deshalb verkündet sie gleich zu Beginn, dass wir bis 19 Uhr im Schweigen sein werden. Okay, ein Seminar im Schweigen über das Schreiben. Wie soll das gehen? Natalie meint damit die Zeit außerhalb des Seminars beim Essen. Selbstbesinnung statt Geschwätzigkeit. Damit kann ich etwas anfangen. Co-Leiter Robert gesellt sich dazu und Natalie leitet uns zu einem meditativen Gehen im Raum an. Ich bin froh, dass sie auf die üblichen Vorstellungsrunden zu Beginn verzichtet und mir Gelegenheit bietet, Körper und Geist in die Ruhe zu bringen.

Ich fühle mich wohl im Schweigen, genieße das mit zunehmendem Alter. Die gelegentlich nutzlosen Smalltalks – Woher kommst du? Was machst du? – vermisse ich nicht. Wie sich bald herausstellen wird, gibt es kein Programm für die Woche, sondern Natalie erscheint immer nur vormittags, um über die inneren Prozesse zu referieren, die beim Schreiben aufbrechen und kultiviert werden dürfen. Dann leitet sie eine Schreibübung an, mit außergewöhnlichen Titelideen wie zum Beispiel: »What is still wild in you?« (Was ist noch wild in dir?) Übungen, die uns auffordern, ans Eingemachte zu gehen. An Gefühle und Gedanken, denen wir freiwillig nicht begegnen. Alles weitere entscheidet sie aus dem Moment heraus.

Nachmittags lesen wir vor, was wir an Kurzgeschichten produziert haben. Alle hören allen zu. Laut Natalie hat das Zuhören eine wichtige Funktion bezüglich der Frage, wie das Gedächtnis funktioniert. Denn unsere Geschichten oder Episoden basieren auf Erinnerungen an unsere Vergangenheit, unsere Kindheit, wie zum Beispiel den zehnten Geburtstag, die erste Periode oder das letzte Mal, an dem wir eine alte Gewohnheit aufgegeben haben.

Mit »Do you remember?« beginnen viele Übungen. Und dann lesen alle mit Inbrunst ihre Geschichten vor und ich lausche mit hoher Konzentration den unterschiedlichen Akzenten und Stimmvolumen von Mary aus Ohio, Diane aus New York oder Liz aus Florida und bin fasziniert und berührt, wie viele Details sie aus ihrer Vergangenheit hervorkramen. Ein ganzes Universum von traurigen Geschichten über kleine Mädchen, die vernachlässigt und mit vielen Unsicherheiten und Ängsten aufwuchsen. So unterschiedlich die Erinnerungen der Schreiberinnen sein mögen, die in verschiedenen Bundesstaaten der USA zuhause sind, so erkenne ich etwas von mir in allen Geschichten wieder. Der Prozess weiblicher Sozialisation ist universal.

Während es mich Mühe kostet, meine persönlichen Erinnerungen lesereif aufzuschreiben, spüre ich, dass es weniger die Sprachbarriere ist als meine Haltung zu meinem Gedächtnis und der Bedeutung von Erinnerungen.

Meine amerikanischen Kolleginnen sind mit der persönlichen Anekdote aufgewachsen. Bei amerikanischen Präsentationen leitet sie fast immer eine Rede ein und selbst wissenschaftliche Sachbuchautoren bemühen sich, alles in einen persönlichen Bezugsrahmen zu stellen. Deine eigene Story zählt. Also eine grundsätzlich andere Haltung zum persönlichen Erfahrungswert, während ich aus einer Kultur und Zeit komme, in der Fakten, Statistiken, Belegbares im Vordergrund stehen. Die persönliche Erfahrung scheint immer zu subjektiv und privat, als dass sie ernst genommen werden kann. Diese Denkweise entspricht schon längst nicht mehr unserem Zeitgeist aber sie steckt noch in mir. Und so bin ich in den ersten zwei Tagen mit meinen Erinnerungen immer schnell fertig, und meine Geschichte bleibt kurz.

Das ändert sich erst, als Natalie uns dazu einlädt, auch Dinge zu erinnern, die wir nicht erinnern, um dann unserer Fantasie freien Lauf zu lassen. Als ich mit »I don't remember ...« beginne, öffnet sich eine Tür nach der anderen und löst die Verspannung meines Gedankenkarussells. Die Erinnerung kommt beim Schreiben, was mich sehr beglückt.

Wir besuchen eine Ausstellung, um uns inspirieren zu lassen für die Beobachtungen im Detail. Die Exkursion, die mich stark berührt, ist das Schreiben in einem Café in Rockport mit Blick zum Hafen, zu dem wir als Gruppe hintereinandergehend im meditativen Gehtempo wandern. Dort angekommen, verteilen wir uns in den hellen Räumen mit folgendem Auftrag: Schreibe über einen Weg in deinem Leben, den du nicht freiwillig gegangen bist. Wir haben eine Stunde Zeit. Ich lasse mich auf dem Balkon des Cafés nieder. Mein Blick schweift zum Hafen, zu den Booten und dann in die Ferne und zurück zum Wasser. Ich tauche ein und da ist der Hotspot. Mein Stift fliegt über den Notizblock, ohne innezuhalten:

Es ist der 18. September 1998 und ich stehe vor der Hochzeitstorte, die, auf drei Etagen mit Röschen und roten Schleifen dekoriert, fern von den Gästen auf einem runden kleinen Tisch drapiert ist. Unaufgeschnitten. Im Hintergrund gedrücktes Gemurmel der Hochzeitsgäste. An der Spitze steht das Paar, der kleine Bär, eng geschmiegt an den kleinen Tiger, und staunt in die Welt.

Alex liebt die Geschichten von Janosch und es war seine Idee für die Hochzeitstorte. Für wen sollte wohl der kleine Bär stehen und für wen der kleine Tiger? Ich erinnere mich nicht daran, dass wir je darüber gesprochen hätten. Mir ist nicht nach Torte essen zumute. Natürlich nicht. Ich habe keinen Bezug zu diesem Teil, das traditionell so einen hohen Symbolwert für das Brautpaar haben soll. Das gemeinsame Anschneiden für den Zusammenhalt der beiden – unter den Argusaugen der Hochzeitsgäste. Ob wir uns dessen überhaupt bewusst gewesen wären? Ich fühle mich wie aus der Zeit gefallen. Ich fühle gar nichts.

Julia, Alex' Schwester, gesellt sich zu mir und legt wortlos ihren Arm um meine Schulter. Und so stehen wir schweigend und starren auf die Torte. Das tut gut. »What the world needs now, is love, sweet love.« Zu diesem Song von Hal David und Burt Bacharach hatten wir den langsamen Walzer noch einmal probegetanzt. Dann kamen die ers-

ten Gäste. Kurz danach der Krankenwagen. Nach meiner Rückkehr vom Krankenhaus schauten mich die Freunde fragend an. Die meisten waren geblieben und dafür war ich ihnen dankbar. Einige waren gleich zu Beginn aufgebrochen und hatten ihre Geschenke vorsorglich wieder mitgenommen. Man weiß ja nie. »Er hatte einen Schlaganfall, aber er wird überleben«, sagte ich, »und wir werden in den Hafen der Ehe segeln. Ein bisschen später eben.«

Julia und ich starren immer noch wie hypnotisiert auf die Hochzeitstorte. Der kleine Bär und der kleine Tiger scheinen sich nach vorne zu beugen, als wollten sie mitreden. »Wenn man einen Freund hat, braucht man sich vor nichts zu fürchten.« Solche Sätze fallen mir aus der Geschichte »Oh, wie schön ist Panama« ein. Es stellt sich bald heraus, dass ich der kleine Bär sein würde, der den kleinen Tiger streckenweise auf den Rücken nimmt. Wir hatten noch eine weite Reise vor uns, auf weiter See mit hohem Wellengang und unerwarteten Strömungen.

»Unsere Hochzeitstorte können wir doch auch noch später essen, meinst du nicht?« Ich erhasche Julias nachdenklichen Blick. »Na klar«, ist die tapfere Antwort. Ich bitte den Gastwirt des Restaurants, die Torte für uns einzufrieren. Sie verschwindet im ewigen Eis und wir werden sie nie mehr sehen.

Ich lege den Stift nieder und lehne mich zurück. Eine große Ruhe ist in mir und Müdigkeit, als hätte ich gerade richtig viel gearbeitet.

Die Seminarwoche neigt sich dem Ende zu. Was nehme ich mit? Natalie war vormittags und abends beim

Essen präsent. Ich hätte Gelegenheit gehabt, ihr zu sagen: *Natalie, ich habe diese ganze teure Reise nur wegen dir gemacht und dann stehst du uns nur vormittags für ein paar Stündchen zur Verfügung und lässt uns nachmittags mit den Assistentinnen allein, die nichts anderes machen, als den Seminarraum aufschließen und abschließen, nachdem wir wieder einmal dreiundzwanzig Geschichten zugehört haben. Das ist irgendwie bescheiden für diesen hohen Seminarpreis. Ich bin enttäuscht.*

Natalie hätte mir wahrscheinlich sehr ruhig und sehr intensiv in die Augen geschaut und gesagt: *Wenn du diese Reise wegen mir gemacht hast, dann hast du ein Problem. Du hast sie doch wegen dir gemacht, oder nicht?* Und ich hätte ihr recht geben müssen. Denn erst sehr viel später begreife ich, dass es hier um meine innere Haltung als Autorin geht. Zum Beispiel um die Bereitschaft, sich irritieren zu lassen. Es auszuhalten, dass nicht alles gleich einen Reim ergibt – und dann einfach weiterzumachen. Weiterzuschreiben.

Nach Workshopende mache ich mich auf den Weg in den Arcadia Nationalpark, nördlich von Rockport. Jetzt habe ich noch zwei Wochen Zeit, die Ostküste zu erkunden und genieße jeden Tag meiner Entdeckungen – überlege sogar, meine Reise zu verlängern. Dieses Mal habe ich die Freiheit, das zu tun. Ich könnte noch mal eben ins Landesinnere, in die Berge fahren, wenn ich schon mal hier bin. Aber ich spüre, wie sehr ich die Küstennähe und die kleinen, beschaulichen Hafenorte liebe. Warum bin ich nicht schon früher auf die Idee gekommen, an der Küste, in der Nähe zum Wasser zu leben?

Maine scheint ein Paradies für die amerikanischen Frauen und Männer ab sechzig zu sein, die den Großstädten entfliehen wollen. Mir geht es auch so. Obwohl ich in einer Großstadt aufgewachsen bin und immer dachte, ich brauche die Vielfalt und auch Anonymität der Stadt, wo du dich viele Male neu erfinden kannst. Aber das war gestern, vor dreißig Jahren. Jetzt suche ich das Beschauliche, die Nähe zur Natur, kurze Wege, Nachbarschaftlichkeit. Hier in Maine fühle ich mich geborgen.

Meine nächste schon gebuchte Unterkunft liegt mitten im Wald der Halbinsel Arcadia National Park. Meine Gastgeberin ist Betty, groß und kräftig gebaut, Typ Pioniersfrau in ihren Siebzigern, die nach dem Tod ihres Mannes dort alleine wohnt. Ich beziehe ein gemütliches Zimmer mit eigenem Bad im ersten Stock ihres behaglichen Holzhauses und sie weist mich in ihre Küche ein: »Make yourself at home.« »Thank you so much, Betty.«

In den darauf folgenden Tagen kommen wir immer wieder zwanglos für eine Tasse Tee gegen Abend zusammen. »Betty, fühlst du dich hier nie einsam?«, frage ich sie eines Tages. »Oh nein, ich genieße die Einsamkeit regelrecht«, antwortet sie mit leuchtenden Augen. »Aber ich bin auch viel unterwegs.« Ich will sie nicht ausfragen, aber neugierig bin ich schon zu erfahren, wie diese energiegeladene Frau ihre Tage verbringt. »Bist du ehrenamtlich engagiert?« »Sonntags gehe ich in die Kirche und mittwochs zu meiner Strickgruppe.« »Du strickst«, wiederhole ich ungläubig. »Oh ja, unser Strickkreis hat so etwas Meditatives und doch Geselliges«, findet Betty. »Unsere ruhigen Plaudereien über dies und das scheinen mit den Maschen zu verschmelzen.« Im Geiste sehe ich eine Gruppe von pfiffigen Seniorinnen, die mittwochs nicht nur die besten Kochrezepte miteinander austauschen, sondern auch kleine Empfehlungen weitergeben für widerspenstige Ehemänner und Schwiegertöchter. Vielleicht sind sie so etwas wie der inoffizielle Ältestenrat der umliegenden Community. Meine Gastgeberin ist in dieser Region aufgewachsen und mit der Natur eng verbunden. Einmal im Jahr zieht es sie hinaus in die große weite Welt. Dann bucht sie eine Kreuzfahrt nach Europa, begleitet von einem alten Freund.

Ihre Töchter wohnen im Umkreis. Sie leben in mehr oder weniger stabilen Partnerschafts- und Jobverhältnissen und es ist sie, die aushilft und mit Rat und Tat zur Seite steht. Sie ist der Fels in der Brandung. Ich schmunzle, als sie mir erzählt, dass sie eines Tages alle Medikamente weggeworfen und ihre Ernährung umgestellt habe, seitdem ginge es ihr sehr gut. Frauen wie Betty machen mir Mut.

Der Nationalpark liegt auf Mount Desert Island. Die Landschaft ist geprägt von dichten Kiefernwäldern und felsigen Stränden. Ursprünglich, wie überall in den USA, lebte hier vor 5.000 Jahren der indianische Stamm der Abenaki. Im 17. Jh. besiedelten die Franzosen und Briten das Land. Die Grundstückspreise stiegen und mit Rockefeller und Ford wurde der Ort Wohn- und Erholungsort für die Superreichen. Inzwischen ist der Nationalpark ein Erholungsgebiet für alle Reiselustigen geworden, auch wenn die Insel den Flair von etwas Besonderem beibehalten hat.

Bettys Garten ist der Wald. Vor ihrer Terrasse liegt ein kleiner Tümpel, der in der Morgen- und Abenddämmerung von Rehen aufgesucht wird. Die ersten Abende bin ich allein im Haus und es ist still, sehr still. Ich bin unruhig, die nächsten Nachbarn sind meilenweit entfernt. Als ich Betty zurückkommen höre, atme ich auf.

Bei meinen Wanderungen auf der Halbinsel bleibe ich auf den Küstenwegen und beobachte mit Vergnügen, wie die amerikanischen Touristen ebenso wie ich nicht vom Meer lassen können. So sitzen sie mit Hund, Familie, Kindern, allein oder zu zweit auf den Steinformationen auf Campingstühlen und tauchen ein in den Atlantik, wenn auch nur mit den Augen. Ich fange an, zu fotografieren, ein Hobby, das ich in meiner Teenagerzeit mit großem Vergnügen betrieb. Heute habe ich Spaß daran, den Moment einer Stimmung festzuhalten. Wie zum Beispiel den jungen Mann, der seine Freundin im weißen Sommerkleid direkt am Wasser fotografiert. Sie stellt sich in Pose und die Meeresbrise lässt ihren Rock Marilyn Monroe-like die Beine hochwirbeln. Oder den älteren Mann, der hochkonzentriert mit seiner Kamera eine Möwe aus verschiedenen Winkeln festhalten will, die vor ihm auf dem Stein, auf dem er kniet, zutraulich herumtänzelt. Der Möwe scheint der Rummel, den dieser leidenschaftliche Fotograf um sie macht, zu gefallen. Wie ein Model tippelt sie vor ihm auf und ab, dreht sich nach links, dreht sich nach rechts.

Das Fotografieren entspannt meinen Geist und meine Augen, weil ich nur am Schauen bin und in den Moment meiner Betrachtungen versinke. Ich bin so dankbar dafür, dass ich diese Reise machen kann und hier jeden Schritt und das Tempo alleine bestimmen darf. Die lockeren Gespräche, die ich abends mit meiner Gastgeberin Betty führe, sind vergnüglich und geben mir einen Einblick in eine Facette des amerikanischen Lebens, das mir kein Hotel bieten kann.

Bevor ich den Nationalpark verlasse, will ich an einer Lobster-Bootstour teilnehmen. Die Ostküste ist reich an Hummer und als Hummerfischer kann man hier ein gutes Leben führen. Wo man geht und steht in Maine, wird Lobster in allen Variationen, auch am Imbisswagen, verkauft. Mir ist das Herumwerkeln an einem ganzen Lobster zu viel Mühe und ich begnüge mich mit gelegentlichen Häppchen auf dem Sandwich. Auf der Bootstour erfahre ich, dass die Küste reich an Hummer ist, weil sie immer fruchtbar seien und hundert Jahre alt werden können. Das Weibchen allerdings muss zur sexuellen Vereinigung erst einmal den Panzer abwerfen, weil er das Geschlechtsorgan versperrt. In dieser schutzlosen Zeit wird es solange vom Männchen beschützt, bis der neue Panzer wieder ausgehärtet ist. Die Lobstermännchen sind doch echte Kavaliere! Ich wische mir über die feuchten Augen. Was ist denn mit mir los?

Dann aber spitze ich meine Ohren, als der Bootskapitän erzählt, dass vor allem im Alter Hummer immer fruchtbarer und stärker würden. Symbolisch stehe der Lobster für Transformation und Verjüngung. Ich bin dabei! Fruchtbarer möchte ich vor allem im Schreiben werden. Vielleicht sollte ich doch noch ein bisschen mehr Lobster zu mir nehmen, solange ich an der Küste bin. Im

Souvenirladen finde ich ein kuscheliges Lobster-Stofftier, das ich Lotte, der dreijährigen Tochter meines Neffen, mitbringen werde. Symbolisch natürlich – für ein gutes Leben.

Ich bin zwar nach Maine gereist wegen Natalie Goldbergs Schreibworkshop aber nun nehme ich vor allem die zahlreichen Galerien wahr und stelle fest, dass sich hier sehr viele bildende Künstler angesiedelt haben. An die bildende Kunst habe ich mich bisher nie herangetraut. Das war das Ressort meiner Mutter gewesen, die das Malen erst mit Anfang sechzig wieder aufgenommen hatte, nachdem ihre Talente fast vierzig Jahre in einen Dornröschenschlaf gefallen waren. Das Thema schien »besetzt« für mich, ich schlüpfte in die Rolle der interessierten Ausstellungsbesucherin und habe diesen Bereich bislang für mich nicht ernsthaft näher erkundet.

Auf dem Rückweg nach Boston bleibe ich noch ein paar Tage in Ogunquit, einem kleinen Küstenort am Atlantik, früherer Fischerort und Künstlerkolonie in Maine. Es gibt sehr viele kleine Galerien dort, die regionale Kunst ausstellen. Ich besuche die Galerie *Scully*. Fran, die Künstlerin, inzwischen fünfundachtzig Jahre alt, ist nicht anwesend. Ihre Aquarellzeichnungen haben das Meer und die Küste zum Thema, sind eher naturgetreu gemalt. Mir gefällt, wie sie das Licht einfängt, und ich überlege, ein Bild von ihr zu kaufen. Ich entdecke ein Werk der Künstlerin, das sich von den anderen unterscheidet. Es zeigt einen Birkenwald durch einen Schleier von blauvioletten Farbschichten, der ihm etwas Mystisches verleiht.

Ich spreche die Mitarbeiterin an und möchte wissen, was sie zu diesem Bild sagen kann. Sie lacht und erzählt, dass Fran vor zwei Jahren zu ihr gekommen sei und unglücklich ausgesehen habe. »Weißt du Mary«, habe sie gemeint, »ich glaube, ich muss mal etwas anders machen. Ich möchte mit meiner Malerei Spaß haben.« Da habe sie zu Fran gesagt: »Schätzchen, mach' das. Das ist jetzt genau der richtige Zeitpunkt für dich.« Da war die Künstlerin zweiundachtzig Jahre alt. Als Erinnerung an diese Geschichte nehme ich den Birkenwald mit und verlasse gutgelaunt die Galerie. Wenn ich es recht bedenke, habe auch ich noch viele Male die Gelegenheit, etwas Neues zu beginnen oder Dinge anders zu machen. Danke, Fran.

Ich spaziere den anderthalb Meilen langen alten Indianerpfad »Marginal way« entlang der Küste und gebe mich dem Sound Amerikas hin: Gerüche von Barbecue, das Surren von Air-Condition-Anlagen, ständig hustende Menschen, lautes Stimmengewirr von Kindern und Erwachsenen. Amerikaner scheinen grundsätzlich lauter zu sprechen als wir in Deutschland. Die Stimmen schnellen in schwindelnde Höhen, wenn sie auf Hunde treffen. Die Amerikaner sind verrückt nach Hunden. In den Läden finde ich unzählige bedruckte Shirts, Geschirrhandtücher, Porzellan mit Liebeserklärungen an ihre Haustiere. Man sieht die ganz kleinen, die fast im Dekolletee von Frauchen sitzen, oder die großen, treuherzigen Golden Retriever, der Familienhund schlechthin. Die Kontaktaufnahme von Mensch zu Mensch erfolgt meist über ihre Hunde und dann überschlagen sich die Hundeliebhaber regelrecht und streicheln und reden auf den Vierbeiner ein, als würde er gleich antworten.

Seit dem Tod meiner Katze vor einem Jahr denke ich darüber nach, ob die Zeit mit Katzen und »home sweet home« vorbei ist und jetzt ein Hund an meiner Seite passender wäre. Mit einem Hund wäre ich viel draußen, vor allem in der Natur. Vielleicht würde ich es genießen, wenn jemand stehen bliebe, entzückt auf meinen Vierbeiner herunterschaute, dann auf mich und so könnten viele nette Gespräche entstehen.

Obwohl ich dieses Mal mit einem gewissen Bauchweh in die USA geflogen bin, begegne ich wieder diesem Spirit, der mich damals, als ich nach dem Studium für ein Jahr nach San Francisco ging, faszinierte und aufwirbelte. »Go for it«, riefen dir die Freunde nach, wenn du etwas Neues wagen wolltest. Für mich war das nach dem Studium eine Offenbarung, kam ich doch aus einer Kultur, die immer erst einmal die Probleme ins Visier nahm, statt sich mit den Möglichkeiten zu befassen. Wann bist du reif für eine größere Aufgabe? Muss ich schon alles beherrschen oder darf ich mich auch im Job weiterentwickeln? Amerikanische Ansätze wie »Learning by doing« oder ›Training on the job« wurden von deutschen Akademikern oft mit einer hochgezogenen Augenbraue quittiert. »Die haben doch keine Ahnung.« Zertifikate und Hochschulabschlüsse sind nur die Eintrittskarte. Dann aber stellt sich die Frage: Was traue ich mir zu? Diese Frage begleitet mich schon mein Leben lang und stellt sich jetzt wieder neu. Glaube ich daran, mich weiter entfalten zu können? Bin ich bereit, zu lernen? Kann ich mir Fehler verzeihen oder akzeptieren, in manchen Bereichen »Anfängerin« zu sein? Ja, sogar, was das Älterwerden anbetrifft.

Als ich mit achtunddreißig Jahren nach einem Weiterbildungsstudium an einer amerikanischen Universität im Bereich der Laufbahnberatung in der Praxis einer Beraterin saß, um mit ihr zu besprechen, wie ich mit meinem neuen Beruf in Deutschland starten könnte, erhielt ich eine typisch amerikanische Antwort.

Sie schickte mich auf eine Zukunfts-Visionsreise und dort sah ich mein eigenes Büro, einen hellen Raum mit Fenstern, die bodentief waren. Ich sah die cremefarbenen Tapeten, den sechseckigen Beratungstisch, Schwingerstühle mit Korbgeflecht und ich sah mich dort beraten. Ich berichtete ihr von meinen Bildern und schloss dann leicht verlegen: »Aber ich war noch nie selbstständig«, worauf die Beraterin mir geradewegs in die Augen blickte und mit leichtem Schmunzeln erwiderte: »Dann wird's ja mal Zeit.« Für mich war das genau der richtige Schubs, den ich brauchte, um einen neuen Weg einzuschlagen und mich beruflich auf eigene Beine zu stellen. Und jetzt? Ist genau die richtige Zeit, um einen neuen Weg einzuschlagen.

Meine Reise neigt sich dem Ende zu. Ich bin einhundertfünfundzwanzig Kilometer entfernt vom Bostoner Flughafen und mache einen Zwischenstopp in Portsmouth. Gegen Mittag beiße ich in ein Chickenburger-Sandwich mit Avocadodip, der mir beim Hineinbeißen die Hand herunterrinnt. Die Zeit verfliegt wie im Nu und ich fahre erst um halb zwei weiter – für meine sonst vorausschauende Planung zu spät, um relaxt bei der Autovermietung um fünfzehn Uhr anzukommen. Warum zum Teufel tue ich das? Wie zu Beginn habe ich meine Routenplanung schriftlich notiert und mir eingeprägt. Und dann passiert etwas, das mich meine letzten Nerven kostet: Ich sehe fünfzig Kilometer vor Boston eine Ausfahrt angekündigt mit der Information: »Best way to Logan Airport.« Mich muss der Teufel reiten, aber ich fahre raus und kann damit meine vorbereiteten Notizen aus dem Fenster werfen. Denn jetzt bin ich auf der Route 93 gelandet und weiß nicht mehr genau, wo ich eigentlich bin. Die grobe Richtung stimmt, aber wo ist die richtige Zufahrt zum Flughafen? Irgendwann nehme ich die Ausfahrt nach Boston und finde mich auf der schlimmsten Rush-hour-Route Richtung City wieder. Eine nicht enden wollende Blechkolonne von Autos schiebt sich über die Stadtautobahnen. Es ist schon halb drei. Mist. Das schaffe ich nie bis fünfzehn Uhr. Und den Flug werde ich auch verpassen. Dann mache ich etwas – Gottseidank bin ich allein im Auto –, das ich mir angewöhnt habe, wenn ich zuhause etwas suche. Ich spreche aus, was ich finden will. Meistens funktioniert es. »Logan Airport« rufe ich also aus und hoffe, dass sich meine Worte materialisieren sozusagen. Okay, ich ergebe mich. Es ist, wie es ist. Vor mir, über mir, links von mir Schnellstraßen, die keine Möglichkeit erkennen lassen, irgendwo abfahren zu können. Dann, endlich, ich fahre raus und geradewegs auf ein Hotel zu, wo ich ein Taxi auf dem Parkplatz sehe. Ich renne zu dem Wagen und bitte den Fahrer um Hilfe bei der Suche nach Logan

Airport. Das sei überhaupt kein Problem, erwidert er, ich solle in diese Straße – meine Augen folgen seinem ausgestreckten Arm – rechts abbiegen, auf der mittleren Linie bleiben und dann würde ich schon die Schilder für Logan Airport sehen. Ich springe ins Auto und bin im Handumdrehen auf der richtigen Route. Ich kann mein Glück kaum fassen. Viertel nach drei erreiche ich die Autovermietung.

Später sitze ich tatsächlich im Flugzeug. Was für eine verrückte Tour. Eine Reise, die alle meine Talente forderte, vor allem am Ende mein Vertrauen in mein Glück. Es ist Zeit, nach Hause zu kommen und das neue Leben mit Freude umzusetzen. Die Ferien sind vorbei und der Alltag meines noch jungen Rentnerlebens beginnt jetzt.

September
Honeymoon is over. Der neue Alltag

Seit meiner Rückkehr aus den USA ist mein Körper wie in Trance. Die erste Woche Brummschädel, gefolgt von Halsschmerzen und Husten. Ich schwitze und huste mir abends die Seele aus dem Leib. Träume bringen mich in die Kindheit zurück. Auf dem Feld hinter unserem Haus rufe ich Papa, aber niemand antwortet. Ich laufe in etwas Graues hinein. Ich wache auf und habe immer noch Orientierungsschwierigkeiten, es dauert eine ganze Weile, bis ich in meinem Schlafzimmer zuhause angekommen bin. Der Sommer neigt sich dem Ende zu und damit auch die Schulferien, die nicht mehr meine sind. Der Ernst des Rentnerdaseins beginnt jetzt.

Das Nachhausekommen von meiner erlebnisreichen Reise gestaltet sich holprig. Das Haus fühlt sich unbewohnt an, als wäre ein Stück von mir drübengeblieben. Wieder vermisse ich meine Tortie, die es mir nach den Urlauben immer leicht machte, zuhause anzukommen. Aber es gibt keine zweite Tortie, das weiß ich. Ich würde immer wieder vergleichen. »Nimm doch einen Hund. Der bringt dich raus«, rät mir meine Freundin Helen und bestärkt den Wunsch, den ich schon auf der USA-Reise insgeheim hegte. Ich beginne im Internet nach Hunderassen zu recherchieren. Klein und handlich soll meine neue Begleiterin sein, sodass ich sie auch in fünf Jahren noch hochheben kann. Fröhlich, gut trainierbar und klug. Praktisch wäre es, wenn sie keine Allergien auslöst und nicht haart, damit ich ihn auch mal Freunden anvertrauen kann. Ich klicke an den Bichots, Maltesern und Möpsen vorbei und lande beim Zwergpudel. Ein Pudel! Aber gehört da nicht immer eine ältere Dame dazu, Chippendale Möbel im Wohnzimmer, wo in einer Ecke der Silbergelockte in seinem pelzbesetzten Körbchen liegt? Ein ganz anderes Leben!

Dann sehe ich die Fotos von den lustigen Kerlchen, wie sie mit fliegenden Ohren über die Wiesen flitzen. Es gefällt mir, dass der Pudel eine sehr alte Rasse und offenbar überhaupt nicht »in« ist. Eine Woche später mache ich mich auf den Weg zu einer Züchterin im Sauerland. Sie hatte gerade einen neuen Wurf und da ist noch ein Mädchen frei. Ich will jetzt einen Hund und nicht erst in einem Jahr – weiß der Teufel, warum ich so Gas gebe. Empfangen werde ich von einem schrillen Chor von zwölf Pudeln. Fünf davon springen bei der Begrüßung an mir hoch und ich bin erst einmal überwältigt von dem ohrenbetäubenden Gebell. In einem kleinen Gehege sitzen die letzten drei Welpen aus dem Wurf, zwei rote und Nelli schwarz-tan. Hier kann ich die unterschiedlichen Temperamente beobachten. Nelli ist die Kleinste und hält sich von den Rangeleien der beiden Rabauken fern, weil sie überrollt oder weggedrängt wird. Sie ist vorsichtig und wirkt gutmütig. Ich darf sie auf den Arm nehmen, wo sie sich ruhig an meine weiche Daunenjacke kuschelt. Mit ihren vier Wochen erkenne ich noch nicht den Pudel in ihr, so wuschelig wie sie aussieht. Ihr schwarzes Fell hat ein paar hellbraune

Lichtpunkte im Gesicht, auf der Brust und entlang der Beine. Im Moment sieht sie wie ein kleiner Teddybär aus. Einfach zum Knuddeln. Ich bitte die Züchterin, von uns beiden Fotos zu machen. Später werde ich darüber staunen, wie verliebt ich auf mein zukünftiges Hündchen blicke. Ich wirke mindestens zwanzig Jahre jünger. Nelli ist auf meinem Arm eingeschlafen. Wir beide haben uns gefunden und ich vereinbare mit der Züchterin, dass ich sie Anfang Oktober abhole.

Mein Mercedes ist weg. Dreizehn Jahre lang habe ich den zuverlässigen Diesel gefahren. Bis vor kurzem war es mein Auto, in dem ich mich sicher und wohl fühlte.

Seit meiner Rückkehr aus den USA ist vieles anders. Ich falle in den Sitz wie in einen Brunnen. Fühle mich wie ein Winzling, in dem für mich viel zu großen Kombi. Dabei war der komfortable Fahrersitz vor fünfzehn Jahren für mich spontan der Auslöser – nach einem Totalschaden – meine Vorurteile gegenüber der Automarke Mercedes über Bord zu werfen und das drei Jahre alte Auto zu leasen. Ich brauchte schnell ein neues Fahrzeug. Jürgen war schuld daran!

Meine Abwehr gegenüber der Automarke habe ich wohl von meinem Vater geerbt. Der frühere Opelfahrer und später arrivierte BMW-Fahrer hatte dazu eine klare Meinung: »Mercedes kommt mir nicht ins Haus!« Die Gründe für seine Ablehnung erfuhr ich nie.

Als Jürgen, mein damaliger Partner, mich damals auf den Kombi aufmerksam machte, der von einem Autohaus angeboten wurde, entfuhr es mir wie aus der Pistole geschossen: »Mercedes kommt mir nicht ins Haus!« Obwohl ich bei der Auswahl meiner bisherigen PKWs, der Hondas, Renaults, VW Käfer, Opels und BMWs keine große Markenbindung zu haben schien, hatte ich ein bestimmtes Bild von dem typischen Mercedesfahrer: ein alter Mann mit Hut und Zigarre, der die Straße für sich allein beanspruchte – im Schneckentempo.

Nach ein paar Monaten Fahrpraxis mit meinem silbergrauen Mercedes Kombi war das Bild gelöscht. Nun fielen mir die vielen Frauen auf, die – meist Anfang fünfzig – plötzlich am Steuer saßen. Ich genoss den Transportraum für das Fahrrad, Ikea-Regale und andere Baumarkteinkäufe. Vor allem fühlte ich mich im Verkehr wahrgenommen und sicher. War es doch ein bisschen teurer, sich mit einem Mercedes anzulegen, als mit einem Honda zusammen zu stoßen.

Geleast hatte ich den Mercedes zu einem Zeitpunkt, als ich noch selbstständige Beraterin war. Damals war mir klar, dass mein Auto Teil meiner Visitenkarte war, wenn ich auf einem Firmenparkplatz aus meinem Mercedes ausstieg. Eines Tages fragte mich ein Beraterkollege, nach einer gemeinsamen Besprechung, ob das Auto mir gehöre?« »Na klar«, antwortete ich verblüfft, »wieso fragst du?« Naja, natürlich gehörte es auch noch der Bank, aber das war ja Usus unter Geschäftsleuten. Er zuckte betont gleichmütig mit den Schultern. »Hätte ja auch das Auto deines Mannes sein können.« Er selbst fuhr wie ich einen Mercedes C-Klasse.

Als ich Jahre später zum ersten Mal mit meinem Daimler auf den Lehrerparkplatz meiner Schule fuhr, fiel mir auf, dass außer mir nur der Schuldirektor einen Mercedes C-Klasse hier parkte. Die Kollegen und Kolleginnen fuhren Skodas, Golfs, Polos, Hondas. Gab es hier eine Hierarchie oder ein stillschweigendes Einverständnis? Lehrerkollegium wie Schülerschaft waren zu achtzig Prozent männlich. Bevor jemand meinen Namen kannte, wusste er schon, welches Auto ich fuhr. Für die Schüler, die wir unterrichteten, war der Autotyp ein persönliches Statement. Es ist nicht auszuschließen, dass sich auch mal der persönliche Frust an einem Lehrerauto entlud und der Betroffene mit ein paar Kratzern mehr vom Hof fuhr.

Das könnte der Grund dafür gewesen sein, dass die eher durchschnittlichen Automarken auf dem Lehrerparkplatz nur die halbe Wahrheit waren. Nach zehn Jahren Unterrichtstätigkeit an dieser Schule offenbarte mir der Kollege Klaus, selbst Skoda-Fahrer, bei einem Sommerfest und nach ein paar Bieren augenzwinkernd: »Zuhause habe ich ja noch meinen Porsche stehen aber der ist mir einfach zu schad' für die Schule.« Ich fiel aus allen Wolken. »Der Manni und der Peter lassen ihre Luxusautos auch schön zuhause«, grinste er. »Muss ja nicht jeder wissen.« Was musste nicht jeder wissen? Woher der Luxus kam? Es war ein offenes Geheimnis, dass viele Berufsschullehrer, die vorher als Ingenieure oder Elektriker in der Wirtschaft gearbeitet hatten, immer noch nebenberufliche Tätigkeiten ausübten. Die Pfiffigen darunter nutzten ihr aktuelles Wissen auch für die Schule und waren gute Lehrer. Die schlecht Organisierten kamen mit der Korrektur von Klausuren nicht hinterher.

Es geschah nur einmal, dass ich von einem mir unbekannten Schüler einen Kommentar zu meinem Auto erhielt. Obwohl ich schon einige Monate im Main – Kinzig Kreis wohnte, hatte ich meinen Mercedes noch nicht umgemeldet und immer noch das Kfz-Kennzeichen MTK für den Main-Taunus-Kreis, meinem vorherigen Wohnort, wo angeblich die Reichen und Superreichen wohnen. Ich wollte gerade einsteigen, als der Sechszehnjährige in einem schwarzen Parka sich seitlich näherte und mit spöttischem Unterton mir zuwarf: »Na, geht's jetzt wieder in den Taunus, wo das schöne Häuschen steht?«

Ich sah ihn prüfend an. Der junge Mann mit einem Flaum von Bärtchen, breitbeinig, die Hände in den Manteltaschen, hatte einen Blick für die Verhältnisse. Lehrer waren für ihn keine Respektspersonen. Gleich würde er ebenso lässig sein Taschenmesser herausziehen und an der Breitseite meines Autos entlangschrabben. Für einen Moment fühlte ich mich tatsächlich wie eine Lehrerin im Brennpunktviertel auf dem Weg zu ihrer Luxusvilla im Grünen. Ich lächelte schwach, stieg ein und fuhr los. Plötzlich wusste ich, die Tage meines Mercedes waren gezählt. Er passte nicht mehr in mein Leben.

Zurück aus dem USA-Urlaub, wo ich drei Wochen lang einen flotten Kia gefahren hatte, wollte ich mich nicht länger mit dem Diesel-Opa abfinden. Trennung war angesagt. Diese Kutsche entsprach nicht mehr meinem neuen Lebensgefühl. Ein neues Auto für mich zu finden, machte mir jedoch keinen Spaß. Ich wollte nicht viel Geld investieren und es musste keine deutsche Automarke sein. Irgendein Asiate, günstig und doch komfortabel. Status spielte keine Rolle, dachte ich. Es könnte auch ein Opel werden. Auf keinen Fall ein SUV. In den neuen Spaceraum ähnlichen Fahrzeugen fühlte ich mich verloren. Es hakte fast immer am Sitz. Keiner schien auch nur annähernd so bequem wie mein Sofa im Mercedes. »Sportlich«, so nannten die jungen Verkäufer mit viel Pomade in den Haaren das Fahrverhalten der Autos, das jedes Steinchen auf der Straße spürbar machte, zum Beispiel beim Mini. Chic, aber total unbequem, aus meiner Sicht. Die Baumarkt- und Ikeaphase lag hinter mir und ich wünschte mir Überschaubarkeit – nun auch im PKW-Innenraum. Kombi ade!

Ich rief meine kluge Freundin Brigitte an, die sich vor einem Jahr von ihrem Zafira getrennt hatte und nun einen Golf fuhr, einen Jahreswagen.

»Brigitte, nach welchen Kriterien hast du dir dein neues Auto ausgesucht?«
Meine Freundin ist sehr entscheidungsfreudig und weiß genau, was sie will, bevor sie eine größere Investition tätigt.

»Ich wollte eine traditionelle Automarke, die für Zuverlässigkeit steht.«

»Brigitte, das klingt ja, als wärst du auf einer Werbeveranstaltung für Volkswagen. Was ist mit dem Design, dem Raum, der speziellen Technik?«

»Außerdem sollte das neue Auto auch ein Stück weit repräsentativ sein für mein erfolgreiches Leben.«
Die Frage nach Details brachte mich offenbar nicht weiter. Meine Freundin bewegte sich gedanklich auf einer

ganz anderen Ebene. »Kauf dir doch auch einen Golf«, schloss sie zufrieden.

»Ein Golf kommt mir nicht ins Haus«, brummte ich und dachte, den Spießer fahren doch alle.

Brigittes Statements brachten mich ins Grübeln. Welches Auto repräsentierte meine berufliche Biografie am besten? Vielleicht ein kleiner Geländewagen, der für alle Situationen des Lebens und der Straße gerüstet ist und überall hinkommt? Doch jetzt ist es zu spät für so ein Auto. Das nächste Auto wird vielleicht mein letztes Gefährt. Der Sitz muss passen, ich brauche sehr gute LED-Schweinwerfer für das Fahren bei Dunkelheit und eine Sitzheizung, wenn's im Rücken mal wieder zwickt, sowie ein eingebautes Navigationsgerät. Ein Auto, nicht zu klein und nicht zu groß, mit genug PS, um bei Grün zügig voranzukommen.

Je länger ich im Internet und auf den Websites der Autohäuser nach Jahreswagen suchte, desto pragmatischer wurde ich in meiner Auswahl. Ich hatte mich inzwischen damit angefreundet, ein Auto zu fahren, das jeder fährt, altersübergreifend sozusagen. Ich fahre jetzt einen unauffälligen Golf, in der Farbe atlantikblau. Und mein guter alter Mercedes steht wieder auf dem Lehrerparkplatz, beim Kollegen, der ihn mir abgekauft hat. Er hat noch ein paar Jahre vor sich.

Martina und Eberhard fragen an, ob sie auf dem Weg in den Süden bei mir für einen Kaffee Halt machen dürften. Ich freue mich, die beiden wieder einmal zu sehen. Eberhard steht kurz vor seiner Pensionierung und Martina hat eine Nachfolgerin für ihre physiotherapeutische Praxis gefunden. Zwanzig Jahre haben sie in der Harzer Region gelebt, weil Eberhard dort eine gute Position gefunden und Martina, eigentlich Städterin, sich gefügt hatte. »Aber nur bis zur Rente!« Dann wollte sie wieder in ihrer Heimatstadt Mainz leben, wo sie auch eine Wohnung haben. Jetzt werden die Karten neu gemischt.

Meine Freunde sitzen an meinem Kaffeetisch bei selbstgebackenem Apfelkuchen und Kaffee. Sie sind auf der Durchreise nach Rheinhessen zu ihrer neu erworbenen Finca. Einträchtig sitzen sie nebeneinander, ein eingeschworenes Team. Haben schon in verschiedenen Städten gelebt. Ich werkle noch in der Küche und als ich an den Tisch zurückkomme, zappen sie in ihren Handys, wie Teenies. Machen sich lustig über einen gemeinsamen Bekannten. Das Thema, das sie gerade am Wickel haben, kennen nur sie. »Darf ich euch mal unterbrechen« höre ich mich fragen und baue den Apfelkuchen und die Schüssel mit der frisch geschlagenen Sahne vor ihnen auf. Die Beiden sind es gewöhnt, sehr viel Zeit miteinander zu verbringen und mit der Familie ihrer erwachsenen Tochter. Freunde erwähnen sie nie. Ich könnte sie mit Kaffee und Kuchen sich locker alleine unterhalten lassen.

Wenn ich Eberhard eine Frage stelle, antwortet Martina. Und dann fällt ihr noch etwas ein und schon sind wir bei einem anderen Thema – weg von Eberhard. Er nimmt sich zurück, gelegentlich konterkariert er ihre Worte mit entsprechender Gestik. Rollt die Augen oder wackelt grinsend mit dem Kopf. Ein stillschweigendes Einverständnis einer Ehe, die sich vierzig Jahre lang bewährt hat. Seit einem Jahr trägt er ein Hörgerät.

»Ich bin in meine Rentnerzeit wie ein ICE gerauscht«, erzählt Martina, während sie genüsslich ein Stück vom frisch gebackenen Apfelkuchen in den Mund balanciert. »Ich hatte kein Gefühl dazu, wann Action und wann Ruhe angesagt war. Immer am Rödeln war ich. Bis der Arzt meinen zu hohen Blutdruck von einhundertachtzig entdeckte. Das war wie ein Weckruf.«

Ich habe meine Freunde vor zwei Jahren in Rheinhessen besucht und war überrascht, wie groß das Grundstück ist. Das sah nicht nach ein bisschen Gartenarbeit aus, sondern nach einer kleinen Landwirtschaft. Martina hat sehr genaue Vorstellungen davon, was sie dort anbauen will. Noch wohnen sie im Harz und pendeln nach Rheinhessen hin und her. Auf dem Grundstück steht auch ein kleines Gartenhäuschen, wo sie übernachten, wenn sie dort arbeiten, sowie ein renovierungsbedürftiges Gebäude mit Ställen.

»Ihr zieht also nach Eberhards Pensionierung nach Mainz und das Grundstück in Rheinhessen ist quasi eure Sommerresidenz?« Nehmen sich die beiden nicht zu viel vor? Wenn ich nur an die viele Arbeit und die Fahrerei denke, fühle ich einen leichten Druck in der Magengegend. Ich bin es gewohnt, für mich alleine zu planen, und kann nur umsetzen, was ich selbst auch bewältige. Ist schon was anderes, wenn man zu zweit ist. «Schatz, kannst du mal ...«, würde ich gerne auch hin und wieder sagen können. Hin und wieder!

»Genau, Eberhard soll die Scheune ausbauen, sodass wir dort wohnen können. Er baut ja so gerne« Martina lächelt ihren Mann an. Augenaufschlag. Eberhard geht in einem halben Jahr in Pension und sieht gerade nicht so aus, als würde er nichts lieber tun, als sofort eine Scheune auszubauen. Ein Projekt, das ihrer Schätzung nach ein bis zwei Jahre dauern könnte. Eberhard schweigt dazu. Er bemerkt offenbar meinen erstaunten Blick. »Es handelt sich nur um eine Etage, nicht um einen Dachausbau«, fügt er beschwichtigend hinzu. »Aber ja«, wirft Martina schnell ein. »Wir wollten doch oben für mich einen Meditationsraum bauen.« Eberhard gewinnt plötzlich Oberwasser und winkt gönnerhaft ab. Martina macht einen Schmollmund.

Ich mach mir keine Sorgen, dass sie ihren Mann nicht auch noch dazu überreden wird. Eberhard baut, Martina bewirtschaftet den Boden. Beide können ihre alten Berufe gut loslassen und haben nicht das Bedürfnis, ihre Expertise weiter auszuüben. Genießen die Freiheit, andere Interessen zu entfalten. Die nächsten Jahre sind schon ausgefüllt. Flugurlaube erst einmal gestrichen. Haben sie nicht jetzt auch große Investitionen für den Ausbau zu tätigen? Martina zuckt die Achseln. »Wir müssen den Kindern nicht ein schuldenfreies Erbe übergeben, oder?«

Das neue Leben von Martina und Eberhard wird garantiert nicht langweilig. Sie nehmen sich die Freiheit, an verschiedenen Orten zu leben, beides zu genießen. Ein Leben in der Stadt *und* auf dem Land. Ob die Balance von Action und Entspannung gelingt?

Inspiriert von den Gesprächen mit meinen Freunden drängt es mich, ein wirklich großes Projekt anzupacken: Wie möchte ich im Alter wohnen? Ich mag nicht so lange warten, bis ich alt und klapprig bin, sondern das Thema jetzt angehen. Ich fühle mich in meinem Vierzimmer-Haus wohl und mein viel zu großer Garten ist meine Oase. Doch habe ich die Lust und Kraft, noch in fünf Jahren alles selbst zu pflegen? Wofür eigentlich? Will ich bis ans Ende meiner Tage alleine in diesem Haus wohnen? Oder wäre es nicht vergnüglicher, in ausgesuchter Nachbarschaft mit Menschen zu leben, die ähnliche Interessen pflegen und Zeit für gemeinsame Unternehmungen aufbringen wollen?

Mir fällt der Prospekt eines gemeinschaftlichen Wohnprojekts meiner Stadt in die Hände. *Wollen Sie aufgehoben sein in einer Gemeinschaft, die individuell helfen will. Solange wie möglich selbstbestimmt leben? Etwas gegen Einsamkeit im Alter unternehmen?* Der Verein hat in jahrelanger Vorarbeit sechzehn barrierefreie Wohneinheiten geschaffen, plus Gemeinschaftsräumen. Im Seniorenbüro werden sie über ihre Erfahrungen berichten. Das klingt interessant und ich überwinde einen kleinen Widerstand, um das gelb geklinkerte Haus des Seniorenbüros zu betreten. Kahle Wände in blassem Gelb, Steintreppen, viele Glas- und Zwischentüren, Metall. Ein Haus für Begegnungen? Im zweiten Stock findet die Veranstaltung in einem großen Saal statt – die Kaffeetafel ist gerichtet. Mit mir haben sich nur zehn Personen zwischen sechzig und achtzig Jahren eingefunden. Die Leiterin des Seniorenbüros begrüßt uns und die Referenten und schlägt eine kleine Vorstellungsrunde vor, in der jede/r erzählen kann, warum er/sie hier ist. »Wer will anfangen?« Sie schaut aufmunternd in die stille Runde. Eine schmale Frau mit spitzem Gesicht meldet sich: »Guten Tag, mein Name ist Marion Eilers, ich bin siebenundsechzig Jahre alt, wohne in Erzenhausen und wollte mich nur mal informieren.« Ein scheues Lächeln huscht über ihr Gesicht. Ihr rechter Nachbar, mit blauem Käppi auf dem kahlen Kopf und rot-weiß kariertem Hemd mit kurzen Ärmeln, schließt sich an: »Mein Name ist Erwin Schuch aus Gründau-Lieblos und ich wollte mich auch erst einmal nur informieren.« Die Runde ist schnell beendet, die Anwesenden scheinen nicht besonders auskunftsbereit, bis meine Tischnachbarin doch etwas mehr ausholt: »Ich wohne seit dem Tod meines Mannes vor zwanzig Jahren allein in meinem Haus und dachte, dass ich dort auch alt werden könnte. Aber meine Gelenke machen nicht mehr mit.« Dabei tippt sie auf ihre füllige Hüfte. »Ich muss den Absprung jetzt schaffen. Ach ja, und ich bin schon achtzig.« Sie stößt einen langen Seufzer aus.

Als ich an der Reihe bin, erzähle ich von meinem Bedürfnis, eine Gemeinschaft von Gleichgesinnten zu finden, die – ich zögere – füreinander da ist und sich gegenseitig in Ruhe lässt – nein, das passt jetzt nicht – die sich gegenseitig unterstützt. Die Projektbewohner nicken verständnisvoll.

Vier Frauen und Männer der Hausgemeinschaft stellen das Projekt vor, das nicht generationenübergreifend ist. Als sie die gemeinsame Arbeit begannen, waren sie Anfang/Mitte sechzig. Der Prozess des Zusammenfindens und Bauens dauerte sechs Jahre. Die zwei Frauen und zwei Männer, darunter ein Ehepaar und ein Bewohner, dessen Frau vor kurzem gestorben ist, sind jetzt Anfang siebzig und wirken sehr zufrieden und vital. Sie haben sich sehr gründlich damit auseinandergesetzt, wen sie in ihr Projekt aufnehmen wollen. Zum Beispiel haben sie sich darauf geeinigt, dass auch homosexuell orientierte Menschen in der Gemeinschaft willkommen sind. Wen sie nicht aufnehmen wollen, dazu äußern sie sich nicht. In einem Nebensatz erwähnen sie, dass Menschen, die sehr lange allein gelebt haben, möglicherweise die Sozialverträglichkeit missen lassen, die für ein solches Zusammenleben notwendig sei. Auch wenn jeder seine eigenen Wohnräume habe. Das ist eine klare Ansage. In Gedanken gehe ich Argumente durch, die für mich sprächen: meine Wohngemeinschaftserfahrungen. Ich habe in meinem Leben in drei verschiedenen Wohngemeinschaften gelebt, gemeinsame Haushaltspläne gemanagt, geputzt und gekocht und kritische Auseinandersetzungen überstanden. Könnte ich damit punkten? Ist natürlich schon ein Weilchen her. Vielleicht auch mein gesellschaftspolitisches Engagement in Sachen Friedensbewegung? Ach, lassen wir das.

Ich mustere die anderen Teilnehmenden, in Grau und Blau gekleidet, die so ernst und humorlos vor sich hinschauen, als warteten sie auf das letzte Urteil. Offenbar besteht kein großes Bedürfnis, miteinander zu sprechen. Sind sie wegen der freiwerdenden Zweizimmerwohnung hier, von der ich erst jetzt erfahre? In zwei Monaten sei sie bezugsfertig. Ach so, dann ist das hier wohl das erste Casting! Meine Tischnachbarin, zwei Stühle weiter links von mir, scheint entsprechend aufgeregt. In ihren Jeans und dem weißem Oversize-T-Shirt wirkt sie immer noch jugendlich. Ihre langen, grau-blonden Locken liegen, wie sie fallen. Eigenwillig wie die großgewachsene Frau selbst. Ich wette, so lief sie schon vor fünfzig Jahren herum. Plötzlich ruft sie den Projektbewohnerinnen quer durch den Raum zu: »Ich könnte in die freie Wohnung einziehen.« Sie lässt ihren Blick in die Runde schweifen und lacht. »Also, kann ich mich jetzt bei euch bewerben?« Einige der Anwesenden schauen pikiert. Ihre offensive Bewerbung bleibt unbeantwortet und eine kleine Spannung hängt im Raum.

Erst jetzt werde ich mir des Ernstes der Lage bewusst. Sich mit Mitte zwanzig bei einer WG vorzustellen, war damals so unkompliziert. Wenn man nicht ein total verschrecktes Huhn war, die Miete zahlen konnte und vielleicht die gleiche Zigarettenmarke rauchte, war man drin. Jetzt aber – vierzig Jahre später in eine schon bestehende Gemeinschaft von Oldies einzusteigen, scheint etwas komplizierter. Da kommen Tugenden wie Entscheidungs- und Kommunikationsfreudigkeit und Empathie, die im jüngeren Alter Pluspunkte eingebracht haben, in etwas anderem Gewand daher. Quasselstrippen kann man, je älter man wird, nicht aushalten und jemand, der einem mit seiner Fürsorge ständig auf den Hacken steht, auch nicht. Und ein entscheidungsfreudiger Senior ist geneigt, die anderen vor vollendete Tatsachen zu stellen.

Ich weiß schon jetzt, dass ich nicht warten werde, bis

ich achtzig bin. So ein Schritt muss noch vor dem siebzigsten Lebensjahr getan werden. Wenn man noch in guter Verfassung ist. Eine Frage bleibt für mich noch offen. Ist es angenehm, ausschließlich mit Gleichaltrigen und Älteren zusammen zu wohnen? Oder kann es einem an die Nieren gehen, den zunehmenden Verfall gemeinsam zu erleben? An der Zweizimmerwohnung bin ich jedenfalls nicht interessiert. Ich bin noch nicht soweit. Die Hausbewohnerinnen signalisieren das Ende der Veranstaltung, bedanken sich für unser Interesse und verweisen auf die offenen Besuchertage, die sie in nächster Zeit anbieten.

Meine Mutter zog mit achtzig, nach dem Tod ihres Mannes, in ein Seniorenheim, das sie sich nach einigen Probeliegen in diversen Häusern in Konstanz mit Blick zum See selbst ausgesucht hatte. Ihr Lebensmotto, das sie gelegentlich fröhlich vor sich hin trällerte, lautete: *Für mich soll's rote Rosen regnen,* der Titel eines Liedes von Hildegard Knef. Ich lege das Thema in die Wiedervorlage. Ab nächstem Monat bin ich nicht mehr allein.

Oktober
Die neue Lebensgefährtin

Seit meiner Verabschiedung sind vier Monate verstrichen. Die große Freiheit, überall und zu jeder Zeit reisen und an einem anderen Ort verweilen zu können, ist in den Hintergrund getreten. Auch der Genuss, ganz alleine zu sein, frei von Erwartungen und Forderungen anderer.

Nun bin ich Besitzerin eines munteren Pudelwelpen. Darf das quirlige Hundemädchen erst einmal Schritt für Schritt an ihre neue Umgebung gewöhnen. Muss es aushalten, dass sie quiekt, wenn ich mich einen Meter von ihr entferne, das Zimmer verlasse oder mich morgens duschen möchte. Sie wird doch nicht in diesem Moment irgendein Kabel durchbeißen? Die Hundetrainer empfehlen in solchen Fällen, den Hund in eine Box zu setzen und abzuschließen. So soll der Hund auch abends neben dem Bett schlafen, in der Box eben. Nicht so meine Nelli, die zu einem großen Geheul und Gebell ansetzt ob der Freiheitsbeschränkung. Das kann ich natürlich sofort nachvollziehen und werfe die modernen Trainingsglaubenssätze über Bord. Nelli schläft mit offenem Verdeck!

Es ist 17.30 Uhr und ich bin schon todmüde. Weil ich den ganzen Tag auf mein Hündchen abstelle, mit ihr gefühlte hunderte Male in den Garten renne, damit sie dort ihr Bächlein machen kann oder um sie zum Kacken zu animieren. Sie soll stubenrein werden und das heißt, ich muss sie im Auge behalten. Es kann beim Spielen, nach dem Fressen, nach dem Aufwachen passieren, sagen die Profis. Eigentlich dauernd. Sie geht dann leicht in die Hocke, bei so einem Winzling nur mit Adlerauge zu erkennen, und lässt es fließen. So schnell kann ich gar nicht gucken. Ebenso diskret setzt sie ihre winzigen Häufchen, mal versteckt in das rotbraune Muster des Perserteppichs oder irgendwo in eine Ecke, wo kein Durchgangsverkehr ist. Der neuen Hundeerziehung folgend stupse ich sie natürlich nicht mit der Nase in den Haufen, sondern wische gnädig auf und trage sie sofort in den Garten, in die für sie vorbereitete Pinkel- und Scheißecke. Ratlos steht sie dann herum. Ich übe mich in Geduld. Wenn ich mich hinsetze, platziert sie ihr Köpfchen auf meinem Fuß. Sie sucht die körperliche Nähe, hält mich fest mit ihren kleinen Pfötchen. Ich kann das gut aushalten, diese Nähe, liebe den erdigen Geruch ihres Fells. Ich bin sicher, das frei fließende Bindungshormon Oxytocin ist dafür verantwortlich, dass ich den Irrsinn überstehe, nachts dreimal in meine regendichte Montur zu springen für den Gang in den Garten, ohne zusammenzuklappen. Einschlafschwierigkeiten habe ich keine mehr.

Für Spaziergänge ist Nelli noch zu klein. Einkaufsfahrten oder sonstige Termine kann ich im Moment auch streichen. Zum Chorabend nehme ich sie in einer Tragetasche mit. Sie lässt sich gut mitnehmen, zum Friseur, zu einer Lesung und sogar ins Restaurant. Sie liegt in der Tasche und schnorchelt vor sich hin. Wo immer ich mit ihr auftauche, sie bringt mich ins Gespräch. Leute bleiben vor ihr stehen und lachen den wuscheligen Winzling mit den rotbraunen Flecken im Gesicht, an der Brust und den Beinen an. Über den kugelrunden, schwarzbraunen Augen leuchten sogar die Augenbrauen, wie gepinselt, in einem hellen Goldbraun. Die älteren erinnern sich vielleicht an den eigenen Hund, den sie hatten und jetzt immer noch vermissen, oder die Tante, die früher auch Pudel hatte. Den Kontakt mit anderen erlebe ich auf der Stelle emotionaler und persönlicher.

»Warum musstest du dir gleich einen Hund anschaffen, anstatt erst einmal dein neues Rentnerleben zu genießen?« Meine Freundin Melanie aus der Nachbarschaft, kein Fan von Haustieren, schüttelt verständnislos den Kopf. Warum vor allem in dieser Jahreszeit, habe ich mich auch schon gefragt. Irgendetwas in mir musste es jetzt tun. Ich zucke mit den Schultern und lache sie an: »Keine Ahnung.«

Meine Freundin Gesine aus Stuttgart reagiert für mich unerwartet erfreut am Telefon. »Ich möchte dich beglückwünschen zu deiner Entscheidung, dir einen Hund zuzulegen«, beginnt sie förmlich. Wir hatten uns im Schulreferendariat vor dreißig Jahren kennengelernt und sind beide fern von Schule andere berufliche Wege gegangen.

Mit Anfang fünfzig fanden wir uns beide, unabhängig voneinander, als Lehrerin wieder. Bei unseren regelmäßigen Telefonaten klagten wir uns gegenseitig unser Leid, tauschten uns über unsere Reibereien im Schulalltag aus.

»Die Nelli wird deinen Alltag sehr beleben und außerdem ist es gut, für ein anderes Wesen Verantwortung zu übernehmen«, verkündet die kinderlose Lehrerin, in einem Tonfall, der mich irritiert. Beleben! Welches Bild hat sie von meinem Alltag? Spielt sie auf mein Leben ohne Partnerschaft an? Findet sie, dass ich ein ödes Leben führe? Ungewohnte Töne von meiner Freundin, die sonst eher nach innen horcht. »Tagesausflüge zu Kunst und Kultur kann ich im Moment abschreiben«, klage ich. Innere Befindlichkeiten lässt meine Freundin dieses Mal nicht zu. In einem leicht barschen Tonfall erinnert sie mich daran, dass ich schließlich all die Jahre genug Unabhängigkeit gehabt hätte. Ich schweige betroffen. Und gebe ihr recht. Natürlich, natürlich, wer denkt denn darüber nach, so ein süßes Hündchen wieder abzugeben. Grausam wäre das. Ich möchte das Telefonat bald beenden. Etwas liegt in der Luft. Gesine würde lieber heut als morgen in Pension gehen, darf aber erst in zwei Jahren. Bei unseren künftigen Telefonaten wird die Schule nicht mehr unser gemeinsames Thema sein. Wie es ihr wohl damit geht?

Mein Arbeitszimmer im ersten Stock habe ich ins Wohnzimmer im Erdgeschoss verlegt, weil das Hundekind noch keine Treppen steigen soll. Zurzeit komme ich nicht einmal zum Lesen. Morgens nach dem Aufstehen, spätestens um acht Uhr, schalte ich das Frühstücksfernsehen ein und genieße im Pyjama und einer Tasse Tee auf der Coach für einen Moment mein kleines Lotterleben mit Nelli.

Sich auf die faule Haut zu legen, geht natürlich gar nicht. Das Hündchen muss jetzt erzogen werden: Hundetraining steht auf dem Programm und die sozialen Kontakte mit anderen Hunden. Also wieder Pädagogin spielen. Den Job habe ich doch gerade hinter mir gelassen. Sitz, Platz, Bleib und so weiter. Mein Vater hat das mit Edd, einem Boxerrüden, auch versucht, aber der Gang zum Hundeplatz sonntags wurde immer seltener. Der Hund hörte nicht aufs Wort, und auf den Spaziergängen im Feld hinter dem Haus war er schnell auf der Fährte nach Hasen. Gott sei dank kam er immer wieder zurück, mein Freund und Spielkamerad.

Am Sonntag gehe ich mit Nelli zu einer Welpengruppe. Ich bin vor dem ersten Mal ein bisschen nervös und denke, dass sich meine wuselige Nelli auch aufregen wird. Also gibt's ein paar Tropfen *Rescue* für uns beide. Auf einem öden Grasgrundstück außerhalb der Ortschaft findet das Hundetraining statt. Wir sitzen auf Plastikgartenstühlen in der Runde und sollen der Trainerin erzählen, welche Probleme wir mit unserem Welpen haben. Es haben sich überwiegend Frauen eingefunden, in ihren Dreißigern, an der Leine entweder eine französische Bulldogge, einen Labrador oder Australian Shepherd, die Hunderassen, die gerade sehr in Mode sind.

Doch auch ein anderer Zwergpudel findet sich, zu meiner Freude, ein. Ein Ehepaar in meinem Alter wird von einem aufgeregt hechelnden Husky in die Runde gezogen. Der Mann wirkt gestresst. Ich stelle mir vor, dass ihre Kinder längst aus dem Haus sind und er jetzt in Rente. Enkel noch nicht in Sicht. Vielleicht war es dann ihre Idee, sich einen Hund anzuschaffen, statt ihren unzufriedenen Mann den ganzen Tag auf der Couch zu sehen. Ich bin froh, dass ich nur die zwei Kilogramm meiner Nelli zu verwalten habe. Leinenführigkeit ist das Thema. Wir sind Mondjahre davon entfernt. Unsere Welpen sind jetzt alt genug für kleine Gassigänge und nette Gespräche mit anderen Hundehaltern. Tanja, die Trainerin, um die fünfzig, mit langer blonder Mähne, rückt uns im strengen Ton den Kopf zurecht: »Denkt dran, *ihr* seid jetzt der Sozialpartner für euren Hund. Lasst das Schnüffeln und Ablecken von anderen Hunden an der Leine nicht zu!« Ehrfurchtvolle Stille in der Runde. Sogar die zappeligen Vierbeiner bleiben für einen Moment regungslos.

»Kein Hallo sagen, keine sozialen Kontakte mit anderen Hundis?«, fragt die junge Frau mit rotbraunem Lockenkopf und blauäugigem Aussie-Welpen an ihrer Seite ungläubig?

»Nein! Sonst geht irgendwann deine Emma mit dir spazieren statt du mit ihr, weil sie überall Hallo sagen will.« Milder Blick zur Aussie-Hündin, die ihre Augen niederschlägt, als würde sie sich jetzt schon grämen.

Also nichts mit der Aussicht auf soziale Kontakte fürs Frauchen. Protest regt sich in mir. Ich betrachte die strengen Gesichtszüge und tiefen Wangenfalten der Trainerin und wünsche mir heitere Gelassenheit. Dann beschließe ich, nicht alles verstehen zu müssen und darauf zu hoffen, dass wir hier ein paar Basics lernen: Sitz, Platz, Bleib.

Danach wird Gassi gehen zum Stress. Ich begegne vielen Hundehaltern, die ihre großen Hunde ohne Leine im Park laufen lassen und nicht darauf reagieren, wenn ich angespannt rufe:

»Können Sie Ihren Hund zu sich nehmen!« Die kleine Nelli wird von allen Seiten beschnüffelt und beleckt, verängstigt zieht sie ihren Schwanz ein und manchmal nehme ich sie auf den Arm – erziehungstechnisch unklug. Ich bin angespannt, habe selber großen Respekt vor den Riesenviechern, die auf uns zu galoppiert kommen. Ärgere mich über die überhebliche Gelassenheit der Hundebesitzer, die offenbar meinen, ihr Hund sei der Nabel der Welt. Ich schlage Oberlehrertöne an und reagiere aggressiv. Mit Bedauern stelle ich fest, dass meine Kleine den Jagdtrieb der großen Vierbeiner nährt, leichte Beute ist.

Am dritten Samstag in der Welpengruppe darf ein Teil der Hunde ohne Leine miteinander herumtoben. Sozialkontakt üben steht auf dem Programm. Nelli gehört zu den Kleinsten und beim Herumbalgen mit den anderen Rackern kann sie nicht recht mithalten, wird häufig überrollt. Zwischendurch setzt sie sich und beobachtet das Treiben. Ihre schwarzgelockten Schlappohren fliegen von links nach rechts und rechts nach links. Ob sie sich einen Plan zurechtlegt? Sie entscheidet sich, den Naturgesetzen zu folgen, zeigt Demut und legt sich nicht nur einmal auf den Rücken. Ich gehe sofort zu ihr hin und verscheuche den Bösewicht.

Ja, auch ich gehörte zu den Kleinsten in der ersten Klasse. Und als die Trainerin eine Wippe holt, damit die Kleinen üben können, darüber zu laufen – um ihr Selbstbewusstsein zu stärken –, schwant mir nichts Gutes. Lando, der Pudelrüde, zwei Monate älter als Nelli, packt es, mit Hilfe von Mutter und Sohn. Nelli dagegen kommt nicht weit. Sie steigt schon falsch ein, von der Seite, was es für sie schwer macht, gerade auf das Brett der Wippe zu kommen. Ich darf ihr nicht draufhelfen, sie soll freiwillig auf die Wippe gehen, korrigiert mich die Trainerin. Freiwillig! Sie weiß doch noch gar nicht, wo hinten und vorne ist mit ihren vier Monaten. Ich kann diese pädagogische Haltung nicht teilen und bin irritiert. Meine Kleine. »Macht gar nichts«, flüstert die Trainerin, »dann schafft sie es heute noch nicht. Sie macht das ja auch zum ersten Mal. Bloß kein Druck.« Ja, ja, ist schon gut. Mit leicht verletztem Frauchenstolz schleiche ich mit Nelli zu meinem Sitzplatz zurück. Wenn ich ihr doch nur hätte helfen können.

Ich muss an die ungeliebten Sportgeräte meiner Schulzeit denken, speziell an den Barren und das Reck. Für meine Freundin Anne und mich war die Sportstunde immer peinlich. »Sport ist Mord« war unser Leitspruch. Und wieder mussten wir uns hintenan stellen und uns über den Barren quälen.

Nelli ist bestimmt nicht geschädigt für ihr Leben von dieser Wippe gegangen. Gott sei dank macht sie sich nicht so viele Gedanken wie ich. Sie ist ein aufmerksames und neugieriges Hundemädchen – aber vorsichtig. Mir dämmert langsam, warum wir in der Welpengruppe nicht übermäßig fröhlich, sondern eher angespannt sitzen. Weil wir ständig an unsere Grenzen stoßen und die kleinen Racker die Pfote in die Wunde legen. Weil wir wieder nicht Nein sagen konnten, inkonsequent waren, überängstlich, cholerisch, ungeduldig, zu viel wollten, zu wenig wollten. All das kommt zum Vorschein. Und wird zu einer unfreiwilligen Therapie von uns Frauchen und Herrchen, in die wir durch das Hundetraining hinein geraten. Deshalb sind solche Welpengruppen und Hundetrainings so tierisch ernst. Das Lachen vergeht uns, wenn wir die Arbeit erahnen, die vor uns liegt.

Erste Versuche, Nelli allein zuhause zu lassen. Wegen des Drucks im linken Auge habe ich mit chinesischen Akupunkturbehandlungen begonnen. Während ich beim Therapeuten behandelt werde, sitzt Nelli in der mit Reißverschlüssen verschlossenen Hundebox im Wohnzimmer. Es wird doch nichts passieren? Okay, lass los, denke ich und versuche, mich auf der Liege bei tibetanischen Klängen zu entspannen. Ich entwickle mich zu einem ständig besorgten Helikopter-Frauchen. Der TCM-erfahrene Arzt tut mir gut. Wie er so nebenbei kleine Weisheiten fallen lässt, als könne er Gedanken lesen: »Sie müssen sich nicht an jeden ihrer Gedanken hängen.«

Kaum von den Nadeln befreit, rase ich nach Hause, sprinte ins Wohnzimmer – und sehe eine leere Box. Nelli kann doch keine Reißverschlüsse öffnen! Oder hat sie jemand anders befreit? Wo ist mein Hund? Ich rufe nach ihr. Kein Mucks. Haste in den ersten Stock. Im Schlafzimmer ist sie nicht und auch nicht im Arbeitszimmer. Im kleinsten Raum, dem Bad, sitzt sie mit einem herzzerreisenden, traurigen Hundeblick und zittert am ganzen Körper. Ich setze mich auf den Boden, nehme sie in meine Arme und streichle sie eine ganze Weile.

Nach und nach wird ihr Herzschlag ruhiger – meiner auch – und ihre kleine rosa Zunge fährt zart über meinen Handrücken. Was habe ich für ein schlaues Hündchen. Einsperren funktioniert nicht. Okay, Strategieänderung. Das nächste Mal werde ich sie gleich im ersten Stock lassen, wo sie sich offenbar geborgener fühlt als im Erdgeschoss.

Nach drei Wochen haben Nelli und ich unser Ritual gefunden. Morgens um sieben Uhr geht sie zum Pinkeln in den Garten und ich aufs Klo. Dann schnell noch mal ins Bett, sie ins Körbchen. Um 7.30 Uhr, wenn der letzte automatische Rollladen hochzieht, sitzt sie schwanzwedelnd vor dem Bett. »Okay«, murmle ich und voller Morgenelan hopst sie wie ein wildgewordenes Steinböckchen auf dem Bett herum, kapiert jedoch schnell, dass Spielen grad nicht dran ist. Ich flüstere meist: »Nur noch ein halbes Stündchen …«, und sie plumpst bereitwillig in irgendeine Bettfalte und schnorchelt weiter. So klein, wie sie ist, kann sie inzwischen ihr Pippi länger halten als erwartet. Wenn ich aufstehe und sie aus dem Bett scheuche, robbt sie hoch auf die Höhe meines Kopfkissens und wirft sich auf den Rücken, um sich genüsslich am Bauch kraulen zu lassen.

In solchen Momenten vergesse ich meine Zweifel, ob Nelli die richtige Wahl war oder ob ich lieber erst einmal eine Kur gemacht hätte, statt mir eine neue Verpflichtung aufzubürden. Die »Nebenwirkungen« dieser Entscheidung sind sehr heilsam. Ich komme jeden Tag an die frische Luft. Äußerlichkeiten verlieren an Bedeutung. Daunenjacken und feste Schuhe mit Profil sind nun meine neue Ausstattung. Zum Briefkasten gehe ich inzwischen auch ohne Lippenstift. Ich begegne dem Leben und kann nicht mehr mit nach innen gerichteten Augen durch die Gegend laufen. Nelli schafft Verbindungen, die sonst nicht entstehen würden. Das Energiebündel bringt mich zum Lachen. Sie soll keine Partnerschaft ersetzen, auch wenn mich die skurrilen Begegnungen mit potenziellen Kandidaten im letzten Jahr vielleicht schneller zum Hund geführt haben als geplant.

Meine alte Schulfreundin Anne aus München ist am Telefon. »Ich könnte am Wochenende mal hoch kommen. Passt es dir?« Nach den vielen Lockdowns und Selbstbeschränkungen in diesem Jahr, sind private Besuche der einzige Lichtblick. Ich freue mich, Anne wieder zu sehen. Wir kennen uns aus Schul- und Jugendzeiten, haben die ersten Rucksacktouren durch Griechenland und Schottland gemeinsam unternommen und für ein paar Jahre beide in Würzburg studiert, sie Zahnmedizin, ich Englisch und Geschichte. Dann haben sich unsere Wege getrennt. Sie gründete eine Familie, ich war im Ausland. Später sind wir wieder per Zufall in derselben Stadt, in Göttingen, gelandet. »Wenn Du einst als Großmama im Lehnstuhl sitzt bei Großpapa, dann denke still bei Dir, wie glücklich warn'n doch wir.« Diese Zeilen von ihr stehen in meinem alten Poesiealbum, das ich wieder aufgestöbert habe. Auf der gegenüberliegenden Seite hatte sie ein altes Paar gemalt, das auf einem Sofa sitzt – daneben ein kleiner Hund – und verdrießlich in den Raum blickt.

Eine lange Freundschaft, nicht immer harmonisch, weil wir in manchen Punkten unterschiedlich denken und fühlen. Dennoch gibt es diese lange Vertrautheit und auch Wertschätzung, die über allen Differenzen steht. Wir teilen nicht alles miteinander, was uns bewegt, aber die großen Entscheidungen schon. Als ich mal in einer wirtschaftlich schwierigen Situation war vor fünfzehn Jahren, kurz vor meinem Übergang in den Schuldienst, da war sie für mich da. Auf eine sehr pragmatische Weise. Sie rief mich regelmäßig an, denn sie lebte in Göttingen und ich mittlerweile in Frankfurt. Für viele Monate waren wir in einem sehr engen Kontakt miteinander. Sie fragte nach dem Stand der Dinge, gab Tipps, schickte mir Informationen weiter, die mir weiterhalfen. Unaufdringlich, erfrischend wie eine kühle Brise nach einem Gewitter.

Wir wollen raus ins Grüne und machen eine Wanderung durch den Spessart. Es ist hochsommerlich warm, ein wolkenloser Himmel und wir sind allein auf weiter Flur durch den Jossgrund nahe Schlüchtern. Wir laufen bergauf und bergab durch Wald und Wiesen, vorbei an Wacholderbeerensträuchern und langzotteligen irischen Kühen. Nelli darf frei laufen und flitzt hechelnd durch die Wiesen. Es sieht aus, als würde sie lächeln. Irgendein philosophisch versonnener Mensch hat in Abständen Sprüche an Bäumen und Sträucher befestigt, in Ringbuchfolie gelegt. »Die Natur bewertet dich nicht«, steht da oder »Wahre Freundschaft ist, obwohl man sich sehr gut kennt.« Wie passend für uns.

Und dann finden wir uns plötzlich in einem Thema

wieder, über das wir noch nie gesprochen haben: Wie werden wir mal sterben? Anne hat als Zahnärztin viele alte Patienten, die sie seit vielen Jahren behandelt. Und sie hat sich ihren Reim darauf gemacht, wann der Verfall beginnt. »Ab achtzig geht es merklich bergab«, verkündet sie nüchtern. »Alles wird sehr viel langsamer, die Koordination, der mentale Prozess. Also, zwanzig gute Jahre können wir noch haben, aber dann …« Sie runzelt die Stirn. »Ich werde mir selbst den Zeitpunkt aussuchen, an dem ich gehen will.« Ich denke an die vielen geistig fitten Achtzigjährigen, die ich in den letzten Jahren im Fernsehen gesehen habe oder auch in meinem Stadtteilnetzwerk. Das wären ja nur noch vierzehn Jahre bis dahin. Ich möchte gern daran glauben, dass ich noch länger lebe, geistig und körperlich gesund bleibe. Zumindest hat mir das dieser indische Palmblattleser vor einiger Zeit prophezeit. »Und wie würdest du dann gehen wollen?«, frage ich neugierig, denn es gibt ja so viele Möglichkeiten, sich ein Ende zu setzen. Sich vor eine Bahn zu werfen, finden wir beide keine gute Lösung und eine Zumutung für die Angehörigen. »Es muss so aussehen, als ob es ganz natürlich geschehen ist«, findet Anne. »Zehn Betablocker reichen. Vorher würde ich noch ein Glas guten Rotwein trinken«, sinniert sie fast genüsslich. »Keinen Abschiedsbrief?« »Nein, keinen Abschiedsbrief!« Wir stapfen schweigend durch den sonnendurchfluteten Wald.

Wie aus einem Märchen zieht ein Fliegenpilz unsere Aufmerksamkeit auf sich, der aus der feuchten Erde ragt. Groß und stolz. Ob jetzt Rotkäppchen um die nächste

Ecke biegt? Anne macht ein Foto, um es später ihrer Enkelin Lucia zeigen zu können. Nelli springt vorneweg und spielt Fangen mit den Eicheln.

November
Scheitern – eine Erfahrung

Heute nehme ich Nelli mit zu meiner Schreibgruppe, die sich jeden Samstag für drei Stunden trifft. Seit zwei Jahren bin ich Mitglied dieser Gruppe von zwanzig Schreibenden, die schon länger besteht. Der Empfang war damals herzlich. Ich brachte eine Kurzgeschichte mit und las sie vor. Sie wurde begutachtet, freundlich kritisiert. Die meisten schreiben nebenberuflich, sind in Genres wie Fantasy, Science Fiction, Krimi, Liebesroman zuhause. Nur drei von ihnen publizieren regelmäßig.

Der Raum im Bürgerhaus, in dem wir uns immer treffen, ist im Winter sehr kalt. Wir sitzen in unseren Mänteln mit selbst mitgebrachtem Kaffee oder Tee und tauschen uns aus. Worüber reden wir? »Hat jemand was zum Vorlesen mitgebracht?« Sonia blickt in die Runde. Alle schütteln den Kopf. Dolly, die sehr viel schreibt, liest gar nicht mehr vor. Legt sie keinen Wert auf die Rückmeldung ihrer Kolleginnen, die ja schließlich auch potenzielle Leserinnen sind? Holger und Lenny tauschen sich über die aktuellen Horror- und Fantasieserien aus. Diese Welt bleibt mir fremd. Helmut schreibt seine Geschichten im Umfang von zwei DIN A4-Seiten im Handumdrehen. Es sind harmlose, nette Stories mit einem gewissen Witz. Sie gewinnen durch sein bühnenreifes Lesen im schwäbischen Dialekt und haben Unterhaltungswert.

Einmal besuchte uns eine Autorin aus der Großstadt, die Poetry-Slams veranstaltete. Sie war in meinem Alter und sprühte vor Energie und Tatendrang. Die Gruppe war sehr daran interessiert, sich in Zukunft auch mit Poetry-Slams schmücken zu können. Sie las ihre autobiografischen Gedichte und Geschichten vor, ein Genre, das in der Gruppe fremdes Terrain war. Und dann geschah etwas, das man als *Same procedure as every year* bezeichnen könnte. Der Ablauf einer Lesung von Neuankömmlingen folgt in dieser Gruppe einem ungeschriebenen Gesetz. Zuerst wertet Lenny, der Chefdramaturg der Gruppe, die Geschichte ab oder auf, je nachdem, wie sie ihm gefallen hat. Man kann es regelrecht von seinem Gesicht ablesen. Seine Nasenflügel beben, wenn er etwas wittert, dem es zu folgen lohnt. Wie ein Jäger auf einer frischen Wildspur. Winkt er während des Lesens ab, weiß die Autorin, dass sie verloren hat. Und seine Nase hängt tief. Nach ihm kommt Dolly, die anerkannte Fantasy-Autorin. Sonia ist meist fix mit der Zwischendurchsage. »Du, da fehlt einfach der Plot. In meinem Workshop ist zufällig noch ein Platz frei. Wenn du dich anmelden willst?« Die Dichterin hatte verloren und verschwand von der Bildfläche. Wenn ich es so recht bedenke, hatte ich ja mächtig Glück, dass ich beim ersten Mal nicht zum Teufel gejagt wurde.

Im ersten Jahr war ich zurückhaltend, fühlte mich wie im Probejahr. Ich versuchte zu verstehen, wie die Gruppe miteinander agiert. Im zweiten Jahr begann ich, Vorschläge zu machen, die angenommen wurden. Wir führten Workshops und Sprechtrainings durch, veranstalteten eine Lesung. Lenny blieb in der Folge den Treffen öfter fern und Dolly warf mir finstere Blicke zu, die ich nicht deuten konnte. Mir fiel auf, dass ich den Kreis selten heiter und inspiriert verließ. Ich zögerte, ob ich mein Unwohlsein ansprechen oder mich wieder, wie im ersten Jahr, zurückhalten sollte. Doch wieso, fragte ich mich, sollte ich in meinem Alter so tun, als würde ich über keinerlei Erfahrung verfügen? Ich verspürte immer weniger Lust, auf Zehenspitzen zu tippeln. War es nicht erlaubt, anderer Meinung zu sein und dann auch einmal kontrovers zu diskutieren? Oder galt man dann bei den Jüngeren gleich als dominant? Ich hatte die Wirkungsweise von Gruppendynamik unterschätzt. Und das in meinem Alter!

Seit meiner beruflichen Verabschiedung durchlebe ich eine Wandlung, was meine Haltung und mein Selbstverständnis anbetrifft. Zu Studentenzeiten war ich bekannt für eine direkte und unverblümte Art, zu denken und zu sprechen. Die Erfahrung lehrte mich, dass Worte zu Waffen werden können, wenn man nicht aufpasst. Mein Kommunikationsstil wurde diplomatischer, konsensorientierter und büßte an Spontaneität ein. Durch viele Aufenthalte in den USA hatte ich mir eine positive Gesprächsform angeeignet, die mich selten in Schwierigkeiten brachte. Sie führte jedoch dazu, dass ich mich gelegentlich von mir selbst entfernte und für andere unscharf blieb. Vermutlich bin ich gerade im Begriff, zu der zu werden, die ich eigentlich bin. In einem guten Reifezustand. Nicht gefeit davor, mich auch mal wieder zu verschätzen. Das Bedürfnis wächst, den bisher im

Dämmerschlaf liegenden Tiger in mir von der Leine zu lassen. Ich will mich in Wahrhaftigkeit üben, während die Welt in Fake-Nachrichten zu versinken droht. So lautet mein Anspruch.

Mein neues Leitmotiv traf jedoch auf Kommunikationsstrukturen in der Autorengruppe, die in anderen Bahnen liefen. Grundlegende Themen wurden bei den Treffen nicht diskutiert, sondern über bestimmte Verteiler kommuniziert. Das fand ich später heraus. Und ich stand meist nicht auf der Shortlist. Als wieder einmal ein Interessent uns besuchte und seine Kurzgeschichte vorlas, erklärte der sonst so stille Holger: »Weißt du, wenn du mit deinen Geschichten bei *uns* durchkommst, kannst du damit wirklich rausgehen.« Der Neue zog erstaunt die Augenbrauen hoch. «Wow!«

Ich war wie vom Donner gerührt! Ein Fall von grenzenloser Selbstüberschätzung? Aus Holgers Worten sprach Stolz, Mitglied dieser Gruppe zu sein. Obwohl ausgerechnet er einer der Wenigen war, der offiziell nicht schrieb. Tat er es heimlich? Der Glaube kann ja Berge versetzen. Vielleicht auch ganze Schreibbergblockaden. In jenem Moment hätte ich aufstehen und die Gruppe verlassen sollen.

Das heutige Treffen soll die Generalprobe für eine szenische Lesung sein. Schon im Vorfeld waren wir uns nicht einig. Wofür brauchen wir eine extra Generalprobe, fragte Sonia. Holger verzog missmutig das Gesicht. Dennoch hatten wir das so vereinbart. Die Stimmung ist gereizt. Wo sollen Tisch und Stühle auf der Bühne stehen? »Hier, oh ja, lass uns das mal probieren«, sagt Dolly und stellt drei Stühle im Halbkreis auf. »Oder Stehtische, keine Stühle«, meint Helmut. »Kann sich jemand mal in die letzte Reihe setzen?«, schlage ich vor. »Ich glaube, so wie das Arrangement jetzt steht, sieht man uns nicht.« Alle reden gleichzeitig durcheinander. Das übliche Chaos. Ich spüre zum ersten Mal deutlich, dass meine Anregungen nicht erwünscht sind. »Das ist hier kein Wunschkonzert«, kreischt Dolly in meine Richtung mit funkelnden Augen. Nelli, die bisher ruhig in einer Ecke auf ihrer Decke gelegen hat, hebt alarmiert ihren Kopf und brummt leise.

Jetzt soll jede ihren Text vortragen. Ich höre zwar zu, aber nage noch an der unfreundlichen Reaktion. Als ich an der Reihe bin, sage ich unvermittelt: »Ich kann das nicht mit euch aufführen. Ich fühle mich hier nicht angenommen.« »Da könntest du richtig liegen«, keift Dolly. Und Helmut, einer von den Oldies wie ich, mit dem ich bisher eine kollegiale Beziehung pflegte, von gegenseitiger Wertschätzung getragen, knurrt plötzlich: »Du bist zu dominant, lässt keine andere Meinung gelten.« Ich schlucke trocken. Es ist Zeit zu gehen. Grüner wird's nicht. Ich packe meine Sachen zusammen, greife mir Nelli und gemeinsam hasten wir zum Auto.

Zuhause lasse ich alles noch einmal Revue passieren. Wie kaltschnäuzig sie mich haben gehenlassen. Ich bin wütend darüber, dass niemand je vorher mal einen Ton gesagt hat. Frustriert, dass ich nicht zu einem früheren Zeitpunkt meiner Intuition gefolgt bin und eine Atmosphäre verlassen habe, die eng und lieblos war. Dominant. Offenbar habe ich sie mit meiner Art nicht erreicht.

Sie mich aber auch nicht. Dieser Vorfall ist mir eine Lektion. Muss ich meine Zeit mit Menschen verbringen, deren Werte und Umgangsformen ich nicht teile?

Auf einem Spaziergang durch die Innenstadt nehme ich Nelli zu *Rubens* mit, einem Geschäft für Wohnaccessoires. Die nette Inhaberin weiß, dass ich Rentnerin bin, und kommt extra hinter der Theke hervor, kniet verzückt vor dem wuscheligen Pudelbalg. »Na, da *haben* Sie ja jetzt eine Aufgabe.« Ich bin überrascht und versichere ihr ein wenig zu schnell, dass ein Hund nicht meine einzige Lebensaufgabe sei. Sie hat es nett gemeint, ich weiß. Dennoch schmeckt es nach Klosterfrau Melissengeist. Da ist sie die klassische Sicht auf die Alten, die nichts zu tun haben. Dagegen hatte sich schon meine Mutter gewehrt, als sie im Alter von achtzig Jahren eine Wohnung in einem Seniorenheim in Konstanz bezog, das fußweit vom Bodensee lag. »Zum Entenfüttern bin ich zu jung«, stellte sie gleich klar und ging erst einmal auf Reisen.

Die Inhaberin von Rubens hat mich kalt erwischt. Ja, Nelli ist zur Zeit meine einzige Aufgabe. Das Coaching-Business liegt brach. Die vor Jahren erneuerte Website führt ein Schattendasein. Seit der Erneuerung habe ich keine Anfragen mehr erhalten. Kommunikationstechnisch war sie schlecht angelegt. Die fehlende Resonanz ist bei mir zu suchen. Ich scheue vor neuen Coachingaufgaben zurück. In meinem Netzwerk der Nachbarschaftshilfe kann ich mich nicht durchringen, für einsame, alte Damen Gesellschafterin zu spielen. Ich befürchte die undankbare Rolle einer Ersatztochter spielen zu müssen. Worauf warte ich? Dass die Passion zu schreiben mich überwältigt und in ein neues Buch mündet? Dass mein neues Leben als Autorin endlich beginnt? Oder als Filmemacherin? Oder Fotografin? Dass ich, wenn mich jemand nach meiner beruflichen Situation fragt, ich nicht mehr sagen muss: Ich bin seit einem halben Jahr in Rente, sondern mitteilen kann: Ich bin Autorin von biografischen Erzählungen? Überhaupt ist die Information »Ich bin Rentnerin« so wenig aussagekräftig wie die Information »Ich bin berufstätig«. Gut, und was weiter, möchte man fragen. Ist das der Anfang vom Ende, nach vierzig Jahren abhängiger Beschäftigung? Plötzlich fehlt das Gerüst des Unternehmens, das Identität stiftete und den Status definierte. Für alle neuen Bekanntschaften ist man jetzt erst einmal ein Nobody. Nicht so leicht einzuordnen. Damit wollen sich insbesondere die Herren nicht zufrieden geben und schieben gerne Informationen nach wie: »Ich habe dreißig Jahre bei Novartis im Marketing als Bereichsleiter gearbeitet.« Andere sind vielleicht froh, ihren Beruf niemandem mehr erklären zu müssen. Fühlen sich frei und gleich unter Gleichen. Wollen sich neu erfinden dürfen.

Wer bin ich heute, wer war ich gestern? Unvermittelt werde ich immer wieder auf diese Frage zurückgeworfen. Und kann sie nicht beantworten. Noch nicht!

Mein Freund Bernd, der mit seinen zweiundsechzig Jahren als Unternehmensberater selbstständig ist, hat schon lange nichts mehr von sich hören lassen. Ich befürchte, dass wir uns aus den Augen verlieren könnten, weil wir nun unterschiedliche Lebensentwürfe haben und in anderen Zeitfenstern leben. »Du bist ja nie erreichbar«, beschwert er sich und hat wohl die Vorstellung, als Rentnerin müsse ich ein berechenbares Leben führen, in dem Zeiten für Frühstück, Mittagessen, Mittagsschlaf und Abendessen feste Komponenten sind. Ich rufe ihn an.

»Wie geht es dir mit deinen Rentner-Freunden, Bernd? Kannst du uns noch ertragen?«

»Ich beneide euch schon«, entgegnet er.

»Aber nur die gutgelaunten«, setzt er nach, »die genug Geld haben, um sich alles Mögliche leisten zu können. Mit den Armen und Einsamen mag ich nicht tauschen!« Und dann erzählt er von Freund Willi, der jeden Tag auf dem Golfplatz ist und ratlos bekennt: »Was soll ich denn sonst machen?« Bernd würde schon etwas einfallen, aber da er nicht mit den Armen tauschen will, kann er sich so schnell nicht aus dem Geschäft herausziehen. Und eigentlich hat er wieder genug »am Start«. Mein ideenreicher Freund hat, wenn wir telefonieren, immer etwas »am Start«.

Ich treffe mich an einem Sonntag mit meiner Freundin Elli auf einen Kaffee bei ihr zu Hause. Mit ihren sechzig Jahren steckt sie noch voll im Hamsterrad ihrer herausfordernden Tätigkeit als Produktentwicklerin in einem Lebensmittelkonzern. Elli will wissen, was ich denn jetzt den ganzen Tag über treibe. Vermutlich würde sie gerne hören, dass ich Flüchtlingskindern Nachhilfe gebe oder im Obdachlosenasyl das Frühstück austeile. Sie würde anerkennend nicken und dieses Engagement für sinnvoll erklären.

Ich verschränke meine Arme am Hinterkopf und blicke sie forsch an: »Nichts!«

»Wie nichts?« »Naja, ich betreibe nur reproduzierende Tätigkeiten in Haus und Garten inklusive meiner persönlichen Wartungsarbeiten und habe keine neue Aufgabe, die mein Wissen und meine Kreativität erfordern. Es sei denn, du würdest die Hundeerziehung als neues Projekt betrachten. Ich lebe in den Tag hinein.«

Elli zieht hörbar die Luft ein. »*Das* könnte ich nicht. Bevor ich in Rente gehe, werde ich eine Aufgabe gefunden haben, die mich total ausfüllt.«

»Wovor hast du Angst?«

»Dass ich nicht weiß, wie ich den Tag herumkriege«, antwortet Elli und setzt ihre Brille ab, um die Gläser mit einem weichen Tuch aus dem Etui sorgfältig zu putzen.

Natürlich habe ich Elli nicht alles erzählt. Dass ich wieder angefangen habe, zu schreiben, Tagebuchnotizen über meinen neuen Alltag zu erstellen und viel lese, vor allem über den Schreibprozess von Schriftstellerinnen. Mir schwebt ein Buchprojekt vor über mein erstes Jahr nach der Verabschiedung. Ich genieße die Tage, die frei von Terminen sind und mir allein zur Verfügung stehen. Habe langjährige Übung als Solistin. Langweilig wird es mir nie. Es sind erst sechs Monate seit meiner Verabschiedung vergangen und ich spüre, es braucht Zeit, im gegenwärtigen Leben anzukommen. Warum soll ich bis ans Ende meiner Tage das tun, was ich ein Leben lang gemacht habe: beraten und unterrichten? Oder darf ich mir erlauben, meine Rolle im Leben neu zu überdenken? War der neue Lebensabschnitt nicht eine Chance, andere Saiten in mir zum Klingen zu bringen und Neues zu lernen?

Seit kurzem plagen mich wieder Alpträume. Irgendwo gehe ich im Wasser unter und erlebe es nicht, die Wasseroberfläche zu erreichen. Ich wache auf. Es ist viel los in meinen Träumen, Autos, die verschwinden, Tiere, die weglaufen. Zuletzt eine Präsentation, die ich nur mit halbem Herzen vorbereite. Mir fehlt der sonst so gewohnte Ehrgeiz, etwas Professionelles abzugeben. Im Traum denke ich, ich bin doch Rentnerin. Muss ich da noch perfekt sein?

Perfekt bin ich jedenfalls nicht, was die Gartenarbeit anbetrifft, und deshalb gebe ich im regionalen Wochenanzeiger eine Anzeige auf: »Suche Hobbygärtner*in für Gartenarbeiten.« Es ist höchste Zeit, den Garten für den Winter vorzubereiten. Das Telefon steht nicht still und es sind die Männer im Rentenalter, die offenbar ihre Kasse aufbessern wollen.

Es meldet sich Willi, in seinem früheren Beruf Klempner. Selbstbewusst verkündet er, dass er was von Gärtnern verstünde, er habe auch mal einen Garten gehabt. Hecken und Bäume schneiden sei gar kein Problem und natürlich Unkraut jäten. Mir fällt der unsichere Blick auf, den er in die Rabatte wirft. »Was würden Sie denn hier als Unkraut erkennen«, frage ich ihn, obwohl ich, was die Erfahrung mit Unkraut angeht, gerade selbst noch lerne. Willi bemerkt vielleicht meinen kritischen Blick und zupft mal hier und mal dort, ohne etwas Wesentliches am Beet zu verändern. Traut er sich nicht oder weiß er es einfach nicht besser? Meiner schönen Kolk-

105

witzig verpasst er aufs Geratewohl einen Rundschnitt. Er könne auch noch vieles andere machen, wagt er sich vor, zum Beispiel Zäune und Gartentore streichen. Der letzte Kunde sei sehr zufrieden gewesen. Ich gebe mich nicht groß mit Referenzen ab und lasse ihn arbeiten – naiv annehmend, dass ein gestandener Handwerker schon weiß, was er tut. Als ich dann jedoch seine Werkzeuge in alle Richtungen verteilt auf dem Bürgersteig liegen sehe wie bei einem Kind, das in sein Spiel vertieft ist, kommen mir Zweifel. Das Ergebnis ist lausig. Ein schlecht gepinselter Zaun, den ich so auch hingekriegt hätte. Er ist empört über mein Urteil. Bin ich zu hart mit dem armen Rentner? Darf man an arbeitende Rentner dieselben Maßstäbe anlegen wie an Jüngere, noch im Beruf stehend? Oder genießen sie »Seniorenschutz«?

Ein paar Tage später steht Robert Wild vor meiner Tür. Ein flotter älterer Herr mit vollem silbergrauen Haarschopf und einem Schnurrbart, in den Siebzigern, sportlich elegant gekleidet, als käme er gerade vom Golfplatz. Ich frage mich, ob dieser distinguiert aussehende Herr sich nicht zu fein zum Unkrautjähren ist? Weit gefehlt. Der Hobbygärtner durchschreitet meinen Garten, macht sich ein Bild und wir vereinbaren einen Termin. Robert Wild geht mit viel Energie, Dynamik und Sachverstand ans Werk und ehe ich mich versehe, ist mein verwilderter Vorgarten extrem aufgeräumt. An manchen Stellen war der Monsieur großzügig mit seinen Entscheidungen – stand da nicht mal …? Aber ich will dieses Mal nicht kleinlich sein. Ich bin sehr zufrieden mit dem Ergebnis. Robert unterstützt mich noch eine ganze Weile im Garten und ich lerne einiges von ihm. Besonders inspirierend jedoch finde ich seine Arbeitsweise. Er weiß sehr genau, was er sich zutrauen kann und was nicht. Bäume zu beschneiden ist nicht sein Ressort und er ist nie länger als vier Stunden am Stück bei mir. Dieser Zeitrahmen und Energieaufwand scheint für ihn optimal. Ein Mehraufwand würde eventuell schnell in Überforderung oder Unlust umgeschlagen. Und außerdem ist Gärtnerservice nur eine von seinen Aktivitäten. Zufällig erfahre ich später, dass mein charmanter Gärtner seinen achtzigsten Geburtstag feierte. Seine Art zu arbeiten macht mich nachdenklich. Ich grüble über das Arbeiten im Alter. Robert weiß genau, welche Aufgabe ihm Freude macht und ihm etwas zurückgeben wird. Seinen eigenen Garten hat er längst aufgegeben, sein großes Haus verkauft und ist mit seiner Frau in ein kleines Reihenhaus gezogen, das keine großen Gartenarbeiten mehr erfordert. Er liebt es, an der frischen Luft zu sein und in der Erde zu wühlen. Der ehemalige Autoverkäufer ist ein äußerst kontaktfreudiger und kommunikativer Mensch, der gerne Kundenkontakt hat – aber eben in Maßen und selbstbestimmt.

Auspowern ist nicht mehr angesagt beim Älterwerden, sondern vielmehr die kluge Einteilung der Kräfte. Wenn man wie ich gewohnt war, immer so viel wie möglich am Tage zu erledigen, fällt es schwer, mit anzusehen, dass die gewohnten Überbuchungen der Tage nicht mehr funktionieren. Bin ich langsamer geworden oder hat sich einfach die Unlust zu Wort gemeldet, atemlos durch die Woche zu hasten? Mañana. Ich übe mich im Reduzieren und Vereinfachen. Versuche, großzügiger mit mir und dem Leben umzugehen. Perfektionismus war gestern.

Mir kommt Brigitte in den Sinn, meine sportliche Freundin und begeisterte Golfspielerin, als sie mich eines Abends im September anrief. »Mit dem Golfen ist bald Schluss«, verkündete sie mit matter Stimme.

»Was ist passiert?«, fragte ich besorgt. Brigitte hatte sich vor zehn Jahren, da war sie fünfundsechzig, mit Leidenschaft und Biss ins Golfspielen geworfen und spielt seit vielen Jahren Turniere. »Wenn ich nicht mehr Golfen kann, bin ich tot«, ließ sie mal in heiterer Stimmung fallen.

»Ich habe heute total schlecht gespielt. Ich weiß nicht, was los ist. Das geht schon eine Weile so.«

»Vielleicht musst du mal kürzertreten.«

»Ich bin angespannt, wie eine Anfängerin«, jammerte meine Freundin.

»Woher weißt du denn, dass du schlecht gespielt hast?«, wollte ich wissen und dachte an das Lernmotto der amerikanischen Trainerin Katie Byron: Glaube nicht alles, was du denkst.

»Hm, ich muss mich hinsetzen, und die Punkte noch einmal durchrechnen.«

»Und wenn schon. Darfst du nicht auch mal schwach spielen?«

Ich kenne meine Freundin als eine Frau, die über einen hohen Energiepegel verfügt, leider auch über einen hohen Blutdruck, und immer in Action ist. Sie steckt mich, was ihre Ausdauer anbetrifft, allemal in die Tasche. Für einen Moment war Stille in der Leitung.

»Weißt du was, Monika? Ich habe noch mal durchgerechnet, wie viele Punkte ich bei jedem Loch gemacht habe. Im Endergebnis habe ich zwölf von achtzehn Löchern sehr gut bespielt.« Ein Seufzer der Erleichterung. Ich glaubte einen Stein von ihrem Herzen fallen zu hören.

»Also, dann wirst du das Golfspielen doch nicht beenden?«, fragte ich provozierend.

»Nee, wie kommst du denn darauf? Kommt gar nicht in die Tüte.« Brigittes kraftvolle Stimme war zurück.

Ich ließ das Gespräch in mir nachwirken. Werden wir im Alter immer gleich nervös, wenn wir mal schwächeln? Die Stimme der Selbstjustiz drängelt sich blitzschnell nach vorn, als hätte sie nur auf den Moment gewartet, recht zu behalten. Es ist vorbei. Du bist zu alt dafür!

Bei mir ist es die Angst vor einer möglichen Demenz im Alter, die wie ein Damoklesschwert über mir schwebt. Immer dann, wenn mein Gedächtnis mich mal wieder im Stich lässt. Dabei hatte ich, wenn ich mich recht erinnere, schon immer ein schlechtes Erinnerungsvermögen. Besonders für Fakten.

Was Brigitte anbetrifft, so hat sie vielleicht beim Golfspielen intuitiv etwas wahrgenommen, das ihre Aufmerksamkeit und Klärung erfordert. Mal sehen, was sie daraus macht. Wie dem auch sei: Ich werde sie nicht mit weiteren kritischen Fragen bedrängen.

Dezember
Wendung nach innen

Mein neues Hobby im Ruhestand ist es, andere beim Älterwerden zu beobachten. Heterogener könnte die Gruppe der Menschen sechzig plus nicht sein, in meinem Freundeskreis und in meiner Umgebung. Geschminkt, ungeschminkt, in Gesundheitsschuhen oder Stilettos, alternativer Mode aus den Achtzigern oder engsitzenden Jeans, blond gefärbt oder im Originalton: grau.

Meine Freundin Helen mit ihren schönen, halblangen Haaren in echter Muschelkalkfärbung drängt mich, das Grau herauswachsen zu lassen. »Steh doch zu deinem Alter und deiner echten Haarfarbe. Sei authentisch!« Ich gehe in mich, besorge mir vorsichtshalber eine App, die meine Haarfarbe in Grau simuliert. Ein aschfahles Gesicht blickt mir entgegen, eingerahmt von eisgrauem Kruselhaar. Bin das wirklich ich? Nein! Ich bin noch nicht so weit. Mein Haselnussbraun gefällt mir sehr gut! Bin ich damit weniger authentisch? Ich stehe dazu. Jeder kann es wissen. Ich färbe weiter.

Ich setze meine alltägliche Studie in einem Café in der City fort. Am Tisch gegenüber nimmt ein Paar Platz mit einer Tasse Kaffee und Apfeltaschen, die sie an der Theke geholt haben. Im traditionellen Café Schrader findet sich überwiegend die Generation fünfzig plus ein. Die beiden fallen aus dem Farbrahmen, der überwiegend von gedeckten Braun-grau-beige-Tönen der anderen Kafeetrin-

kenden beherrscht wird. Das Paar wird um die siebzig
sein. Das verraten die sehnigen, knochigen Hände und
die fahle Gesichtsfarbe, von feinen Falten durchzogen.
Der Mann trägt einen schwarzen Parka, schwarze Hosen und ein weißes Hemd. Die Frau ebenfalls schwarze
Hosen und einen feingestrickten anthrazitfarbenen
Woll- oder Kaschmirpullover. Die Haare von beiden
sind rabenschwarz. Sie wirken wie einer Schwarzweiß-
Fotografie entstiegen. Die schon etwas schütteren Haare
des Mannes liegen lang im Nacken. Sein schwarzer
Schnurrbart à la Wolf Biermann erscheint wie ein Relikt aus den Siebzigern. Die Frau trägt ihre fast glatten
Haare schulterlang, von zwei silberfarbenen Spangen
am Hinterkopf zusammengehalten. Sie ist schlank und
großgewachsen, bewegt sich ruhig und konzentriert. Ich
stelle mir vor, dass sie seit dreißig Jahren Yoga betreibt.
Die Besucherin sitzt kerzengerade auf ihrem Stuhl und
verspeist mit langsamen Bewegungen ihre Apfeltasche,
während ihr Gegenüber, etwas beleibter, die Ärmel seines Hemdes hochgekrempelt hat und sein Kuchenstück
engagiert bearbeitet.

Für einen Moment kann ich sie mir vierzig Jahre jünger vorstellen, wie sie sich noch in Original-Haarfarbe
gegenübersaßen. Wenn sie jetzt »silber« trügen, würde
es sie nicht groß verändern. Sie strahlen etwas aus: Hey,
wir stehen noch voll im Leben. Wir besuchen noch die
Konzerte der Oldies in der Jahrhunderthalle und heute
erleben wir jeden Moment mit vollem Bewusstsein. Sie
verkörpern die Generation der Siebziger, die an einem
Wendepunkt steht. Entweder erscheinen sie wirklich alt

und verhärtet, weil sie schlecht »vorgearbeitet« haben, oder sie verfügen über eine besondere Ausstrahlung, unabhängig von körperlichen Einschränkungen. Die grundlegende Lebenshaltung macht den feinen Unterschied. Düstere Gedanken und Ängste verwandeln sie in die Liebe zum Leben.

Die Beobachtungen regen mich dazu an, meinen Status quo zu inspizieren. Wie steht's mit meiner Vitalität? Einige meiner Rentnerfreunde tummeln sich mehrmals in der Woche im Fitnessstudio und betreiben Muskelaufbau. »Es gibt nichts Effektiveres dafür als die Muckibude«, belehren sie mich. Ich schiebe den Probetrainingstermin schon ein paar Monate vor mir her. Ich sollte. Ich müsste. Dann fällt mein Blick wieder mal auf die Haut meiner Unterarme, die sich wie Krepppapier wellt und so gar nicht zu meinem restlichen Körper zu passen scheint. Dieser Teil ist definitiv zwanzig Jahre älter. Meine Qi-Gong- und Yogaübungen richten an dieser Stelle offenbar nichts aus. Neue Wege gehen. Die Komfortzone verlassen. Ich gebe mir einen Ruck und vereinbare endlich ein Probetraining bei einem Fitnessstudio ganz in meiner Nähe.

»Fitnessstudios sind nicht meine große Liebe«, muss ich dem Trainer gleich aufs Brot schmieren. »Das ist gerade gut«, kontert er freundlich. Mirco führt mich durch acht Gerätschaften, bleibt bei meinem Ächzen und Grollen heiter und entwaffnet mich dann mit seiner Diagnose über meine nach vorne fallenden Schultern, die den Brustkorb, Herz und Lunge beengen. Genau, der Brustkorb muss geweitet werden und die Schultern nach hinten fallen, sodass Herz und Lunge genug Raum erhalten. Etwas in mir erkennt in diesem Moment, dass es sich hier um eine wesentliche Veränderung handelt. Ich bin sofort motiviert, dieses Ziel zu erreichen, wie nie zuvor. Flieg Vöglein flieg. Ich stelle mir vor, wie ich mit starkem Rückgrat und weiten Flügeln in mein neues Leben segle.

Ich mag den freundlichen Mirco, auch weil er mich nicht zuquasselt, und unterschreibe ein Jahresabonnement. Ab Januar werde ich mindestens zweimal die Woche trainieren. Versprochen!

In ein paar Stunden werde ich sechsundsechzig. Die Richtung gen siebzig lässt sich nicht verleugnen. Ich bin ein bisschen entspannter geworden im Hinblick auf meine Kleidung. Zieh auch mal dieselben Sachen zwei Tage hintereinander an. Seit ich Nelli bei mir habe, bin ich mehr in Jeans als in Röcken und Kleidern unterwegs. Vergesse Lippenstift aufzutragen. Mache hin und wieder ein Falten-Checkup. Seit den von Nelli unterbrochenen Nächten haben sich neue feine Linien auf der rechten Wange dazu gesellt. Ich sehe meiner alten Mutter immer ähnlicher. In den letzten vier Wochen bin ich einmal aufs Knie und einmal auf die Hand gefallen, aber jeweils glimpflich davon gekommen. Habe mich allerdings bei meinen Gelenken gebührend dafür entschuldigt. Stolpern, stürzen, irgendwo hängen bleiben, wo war ich wieder mit meinen Gedanken, wie unachtsam mit mir! Im Moment bleiben, im Jetzt leben. Einfach und doch schwer, sich nur auf das zu konzentrieren, was vor mir liegt. Tempo rausnehmen. Eine Straße entlang schlendern statt eilen. Einen Tee trinken und nichts tun als schmecken und genießen.

Mittlerweile habe ich schon einige Erfahrungen gesammelt beim Smalltalk mit anderen Hundebesitzern und staune, wie einfach es ist, gutgelaunte und relativ natürliche Gespräche über den Hund zu führen. Die eigene Eitelkeit wird komplett umgeleitet. Nettigkeiten wie »Sie haben aber einen putzigen Hund« werden unbefangen ausgeteilt und mit doppelter Freude empfangen. Neulich spazierten zwei Männer im mittleren Alter an uns vorbei und stießen diesen typischen Bauarbeiterpfiff aus. Ein Relikt aus früheren Tagen. Noch in Rufweite hörte ich: »Galt natürlich Ihrem Hündchen, gell?« Die Männer lachten. Ich blickte mich um und grinste.

Elke von der Nachbarschaftshilfe fragt mich, ob ich beim diesjährigen Weihnachtsfest mithelfen könnte. Um die Seniorenveranstaltungen habe ich bislang immer einen großen Bogen gemacht, möchte aber gerne helfen und sage zu. Meine Aufgabe ist es, die Vereinsmitglieder mit Kaffee und Kuchen und einem Glas Sekt zu versorgen. Ein Kinderchor singt und eine Rentnerband spielt ein paar Oldies zum Mitsingen. Die Initiative, von Werner vor fünf Jahren gegründet, ist ein System gegenseitiger Hilfeleistung. Jede wie sie kann: Einkaufshilfe bei Krankheit, zum Arzt fahren, die Katze während des Urlaubs verpflegen. Einige der Mitgliedsfrauen haben für den Weihnachtsnachmittag Kuchen gebacken oder betreuen wie ich einen der zehn Tische.

Lieselotte betritt mit ihrem Rollator den Raum, unsere

einzige Hundertjährige. Sie lebt in ihrer eigenen Wohnung und ist geistig vollkommen klar, aber leider blind und schwerhörig. Noch in ihren Neunzigern war sie regelmäßig auf ihren geliebten Kreuzfahrten rund um den Erdball unterwegs, erzählte sie mir einmal.

Sie wird auf einen freien Platz geführt und die Veranstaltung beginnt mit einer kurzen Begrüßung durch Walter. Dann steht Lieselotte von ihrem Sitzplatz auf, hält sich am Tisch fest und sagt: »Ich bin ja wohl die Älteste hier und möchte ein Gedicht vortragen.« Sie ist nur noch Haut und Knochen und mittlerweile auf 155 cm geschrumpft. Der Pagenschnitt und die grünblaue Strickjacke lassen sie kindlich wirken. Sie reckt ihr kleines Gesicht in die Höhe, mit geschlossenen Lidern und einem seligem Ausdruck rezitiert sie ein Gedicht von Heinrich Heine:

Ein Fichtenbaum steht einsam
Im Norden auf kahler Höh'.
Ihn schläfert; mit weißer Decke
Umhüllen ihn Eis und Schnee.
Er träumt von einer Palme,
Die, fern im Morgenland,
Einsam und schweigend trauert
Auf brennender Felsenwand.

Erstaunte und prüfende Blicke in ihre Richtung. Applaus. Hat sie das gerade auswendig gesagt? Ich kann mir noch nicht mal einen Dreizeiler merken. Keine Spur von Demenz. Gibt's das? Ich lasse meinen Blick über die Anwesenden schweifen, die zwischen siebzig und neunzig sind. Die Nachbarschaftshilfe hat einen Bring- und Holdienst organisiert. Eine nettes Beisammensein in der Vorweihnachtszeit mit hübsch dekorierten Tischen, in liebevoller Eigenarbeit von Elke, der Büroleiterin des Vereins, gebastelt. Viele der älteren Damen verlassen nach 16 Uhr nicht mehr ihre Wohnungen, ein Grund, schon jetzt in guter Stimmung zu sein. Aber ich sehe wenig Heiterkeit und angeregte Gespräche an den Tischen, sondern eher griesgrämige Gesichter. Angestrengte Blicke, vielleicht die Sorge, nicht alles verstehen oder gut sehen zu können, was auf der Bühne vor sich geht. Schon beim Eintreten entging mir nicht die Nervosität und das Gedrängel einiger Damen um den besten Platz. Diese Anspannung der überwiegend Alleinstehenden, Geschiedenen, Verwitweten mündet gelegentlich in ein Verhalten, das barsch und rücksichtslos daherkommt, aber im Grunde nicht bösartig ist. Die eigene Wahrnehmung verändert sich, wird ich-zentrierter. Motiviert durch die Sorge, im Alter übersehen zu werden und zu kurz zu kommen. Das nachlassende Fettgewebe im Gesicht tut sein übriges. Das Gesetz der Schwerkraft gewinnt. Unfreiwillig siehst du dann mal mürrisch aus, obwohl du es gar nicht bist. Deprimierend! Eine Sache kann ich allerdings beeinflussen und das sind meine Gedanken, die meine Haltung zum Leben bestimmen. Heute. Jetzt. Nicht gestern. Keine leichte Übung.

Von James Baraz, einem amerikanischen Meditationslehrer, habe ich gelernt, wie wirkungsvoll die Arbeit an der eigenen Haltung sein kann. Im Rahmen eines einwöchigen Schweigeseminars vor zwei Jahren erzählte er uns von seiner achtzigjährigen Mutter, die die Gewohnheit hatte, bei jeder Sache immer ein Haar in der Suppe zu finden. Nichts war ihr gut genug, und es gab immer etwas, worüber sie sich aufregte. Entsprechend launisch und kratzbürstig war sie ihrer Familie gegenüber. Ihre Tochter wohnte in der Nähe und kümmerte sich um sie, denn der Sohn wohnte in einem anderen Bundesstaat. Eines Tages besuchte James seine Mama und setzte sich zu ihr. »Mutter, ich möchte dich zu einem Experiment einladen, um etwas Neues zu erfahren. Magst du mitmachen?« Die alte Dame lächelte geschmeichelt, denn ihren Kopf benutzte sie gern und neugierig war sie auch. »Okay, meinetwegen«, brummte sie. »Was muss ich tun?« »Immer wenn du wieder einmal einen kritischen Gedanken hast, dich über etwas aufregen willst, einen Fehler suchst, sagst du in Gedanken: Stopp. Und dann sprichst du den folgenden Satz laut aus: »Ich bin gesegnet. Mein Haus ist gesegnet. Mein bisheriges Leben ist gesegnet und ich bin dankbar für all das, was ich bekommen und gegeben habe.«

Die Mutter runzelte die Stirn und war kurz davor, etwas Spitzfindiges einzuwerfen, zügelte aber ihre Zunge. James blieb eine Woche bei ihr und half ihr, dieses immer wiederkehrende Mantra zu installieren. Nach seiner Abreise rief er die alte Dame in regelmäßigen Abständen an, um das Eingeübte zu verfestigen und sie daran zu erinnern, wenn sie mal wieder in alte Gewohnheiten zurückfiel. »Mutter, sag dein Mantra«, unterbrach er sie, wenn sie ihr übliches Gezeter begann: »Jetzt regnet es schon wieder. Das Wohnzimmer ist so dunkel.«

Nach einigen Monaten – die alte Dame behielt die Disziplin bei – war es die Schwester, die James anrief und fragte: »Sag mal, was hast du denn mit Mutter gemacht?« »Wie meinst du das?«, wollte der Bruder wissen. »Sie ist plötzlich so freundlich und in besserer Stimmung.« Offenbar hatte diese Dankbarkeitsübung etwas in der alten Dame verändert, ihre negativen Gedanken wurden durch positive vertrieben. Etwas in ihr konnte sich entspannen. Und das mit achtzig.

Bei mir hat diese Erzählung großen Eindruck hinterlassen, denn ich gehöre zu den Menschen, die einen Blick haben für die Dinge, die optimierbar sind. Gerne prophezeie ich den schlimmen Ausgang einer Situation, wenn nicht alles rund läuft. Obwohl ich weiß, dass Sorgen und negative Gedanken den Säurespiegel im Körper erhöhen und dort einiges anrichten können.

Die spirituelle Lehrerin und Gesundheitstherapeutin Louise Hay hat diesen Zustand für mich sehr eindringlich beschrieben. Sie stellt klar, dass ich, der Boss meines Körpers, dafür sorgen muss, die Zellen bei Laune zu halten, statt sie mit permanenter Alarmbereitschaft zu schwächen. Finde ich sehr überzeugend. Für eine ständig schlecht aufgelegte Chefin arbeitet man nicht gerne. Irgendwann schlägt Pflichtbewusstsein in Demotivation um. Dazu gehört auch die Übung: Mundwinkel nach oben ziehen. Lächeln. »Das wird schon« denken, statt »Oh Gott, das schaff ich nie!«

Ich übe weiter. Verweile vor den Dingen, die schön

sind: Dem Regenbogen nach einem kurzen Schauer. Erfreue mich an den tollpatschigen Sprüngen meiner Hündin durch den Schnee. Genieße das Treffen mit Freundinnen im Restaurant und reklamiere nicht die lauwarme Suppe.

Eine Routine, die ich seit jenem Seminar mit James Baraz täglich vor dem Schlafengehen durchführe: Ich lasse den Tag Revue passieren und bedanke mich für die Momente und Begegnungen, die mir gut getan haben. Auch ich bin freundlicher geworden, mir selbst und anderen gegenüber. Vermeintliche Missgeschicke lasse ich immer öfter vorbeiziehen.

Dennoch – es gibt Rückfälle. Wenn mich mein Gedächtnis im Stich lässt, versteh' ich keinen Spaß! Ich habe Helen, Elke und Hilde zu Kaffee und Apfelkuchen zu mir eingeladen. Wir tauschen uns über unsere neuesten Pleiten, Pech und Pannen aus.

»Ich war gestern beim Friseur und als ich fertig war, packte ich alles ein, was ich auf der kleinen Ablage geparkt hatte: mein Handy, mein Buch. Nur die Ohrringe, die ließ ich liegen, weil ich sie offenbar nicht sah. Wie blöd ist das denn?«

»Das ist ja gar nix«, seufzt Hilde. »Ich habe gestern mein Auto beim Lauftreff geparkt und bin mit dem Hund Gassi gegangen. Als ich zurückkam, stand mein Kofferraumdeckel sperrangelweit offen. Meine Handtasche war noch da, alles vollständig. Ich dachte, jetzt geht's los.«

»Mädels, ich kann da noch was draufsetzen«, ruft

Helen mit einem Lachen. »Walter und ich kamen zurück von einer Woche Urlaub, und die Haustür stand sperrangelweit offen. Ich war wohl die Letzte, die das Haus verlassen und vergessen hatte, sie zu schließen. Oh Mann, oh Mann.«

»Ja, ja, die Einschläge rücken näher. Das hat schon meine Mutter gesagt«, jammert Hilde.

»Das ist doch Quatsch!« Helen streckt ihren Rücken durch. »In einer Studie über das Potenzial des Gehirns im Alter, die vom BBC veröffentlicht wurde, habe ich gelesen, dass die größte Barriere beim Abbau von Gedächtnisleistungen das mangelnde Vertrauen in die eigene Leistung sei.« »Echt?« Wir blicken alle zu Helen und erwarten weitere Informationen. Mir fällt eine Redewendung ein, die ich in den USA oft gehört habe: »You lose it, if you don't use it.« So ähnlich verhält es sich wohl mit uns Alten. Wir werden bequemer in manchen Dingen, wollen keinen Stress und setzen auf den Weg des geringsten Widerstands. Ohne GPS funktioniert gar nichts mehr. Wie ging noch das alte Rezept? Google ich mal schnell, statt es mir einzuprägen. Und so weiter und so weiter. Denn unser Gehirn arbeitet durchaus sehr gut im Alter. Wächst, schafft neue Verbindungen, wenn wir die entsprechenden Impulse geben.

Elke war bisher still. »Ich habe da auch noch eine Geschichte zum Thema Sehen und Wahrnehmen. Meine Tochter Julia war zu Besuch und an einem Dienstag wollte sie ausgehen. Ich bitte sie, den Müllsack mit hinunterzutragen und zu entsorgen, und stelle ihn ihr direkt vor die Wohnungstür, so dass sie ihn nicht vergisst. Ich höre irgendwann die Wohnungstür und fort ist sie. Aber der Müllbeutel steht noch vor der Tür.« Sie schmunzelt. Julia war wahrscheinlich mit ihren Gedanken schon bei ihrem Termin, sodass sie, ohne es zu merken, über die Mülltüte gestiegen ist, um die Wohnung zu verlassen. Sie ist gerade mal vierzig Jahre alt.«

Großes Gelächter und Gejohle. Da sieht man es mal wieder. Was machen wir uns bloß immer so verrückt und schieben alles aufs Alter! »Naja, ganz so einfach ist es nicht, meine Lieben.« Helen rückt ihre Brille zurecht. »Da ist eine Sache, die uns ganz schnell einen Strich durch die Rechnung macht, wenn wir nicht aufpassen: Stress! Wir können den nicht mehr so gut ab wie früher.« Hilde nickt bestätigend: »Oh ja. Denn bevor ich zum Lauftreff fuhr und den Kofferraumdeckel aufließ, rief meine Mutter an und jammerte über die Nachbarin. Musste ich Karin schnell zum Bahnhof fahren, weil ihr Auto nicht ansprang. Zu guter Letzt fiel meine Lieblingsvase zu Boden und zersprang in tausend Stücke.«

Lässt sich Stress vermeiden? Ich bezweifle das. Aber vielleicht passiert da etwas in einem selbst, das Adrenalin durch unsere Ader rauschen lässt. »Hilde, warum hast du in letzter Minute noch den Anruf entgegengenommen? War das wirklich notwendig?« Hilde verdreht die Augen. »Das ist so eine alte Gewohnheit. Das Telefon klingelt. Da geht man doch dran, wenn man zuhause ist, oder nicht? Natürlich hätte ich es klingeln lassen können. Aber dann meine alte Mutter. Da könnte auch immer was sein.« Sie seufzt und wischt sich den Schweiß von der Stirn. Ich will nicht weiter nachhaken. Die Tochter hat sie zum Bahnhof gefahren, weil vermutlich niemand anders fahren konnte. Und was die Vase angeht: Das würde ich unter »shit happens« einordnen. Dennoch, warum musste sie noch in letzter Minute ausgerechnet dieses Teil wegräumen? Das alles kommt mir sehr bekannt vor. Multitasking ist für uns Best Agers ein auslaufendes Erfolgsmodell, fürchte ich.

Weihnachten steht vor der Tür. Ein Fest, das für mich emotional belastet ist. Die Weihnachtszeit war in meiner Familie immer von großer Hektik getrieben. Wenn mein Vater in der Küche beim Füllen der Gans aktiv wurde, gab es Streit zwischen den Eltern um das Füllsel. Einmal bediente sich unser junger Boxerhund Edd selbst. Der Klassiker. Er zog an dem Tischtuch und deckte ab während die Eltern in der Küche werkelten. Das Schmücken des Christbaums war das Pflichtprogramm meines Vaters. Schnell, schnell musste alles gehen, denn eigentlich hatte er noch etwas im Büro zu erledigen. Ich habe schon viele Weihnachten allein verlebt und war nicht traurig darüber. Eher stresst mich die eine Frage von Freunden und Familie: »Willst du dir das wirklich antun?« Das Weihnachtsfest ist und bleibt ein Familienfest, deswegen halte ich es in keinem familiären Haushalt aus. Außer bei meinem Cousin Falk. Letztes Jahr verbrachte ich Weihnachten bei ihm und seiner Frau Renate. Und dieses Weihnachten haben sie mich wieder eingeladen. Die kleine Nelli wird mich begleiten.

Dort geht es nicht sehr feierlich zu. Wir haben gute

Gespräche, lachen viel und mein Cousin, Amateurfilmer, hat immer einen spannenden Film vorzustellen.

Das Weihnachtsfest liegt mir nicht sehr am Herzen, aber als ich die Blue Zone Studie lese über die Bedingungen, die alte Menschen gesund und glücklich halten, werde ich nachdenklich. Ich bin auf diese Studie bei der Ausstellung der Hundertjährigen, »Grey is the new pink«, im Museum der Weltkulturen in Frankfurt gestoßen. Ein bedeutungsvoller Aspekt scheinen die sozialen Beziehungen zu sein. Nicht notwendigerweise eine Partnerschaft oder Ehe, sondern das Leben in gemeinschaftlichen Bezügen, vor allem auch das gemeinschaftliche Essen. Ich beschließe, dass es mir gut tut, die familiären Verbindungen zu pflegen, die eine Bereicherung für beide Seiten sind. Sich verbunden fühlen, ist ein wirklich warmes Gefühl, das mich umhüllt wie ein flauschiger Bademantel. Ich bin dankbar für die Einladung.

Kurz vor dem neuen Jahr habe ich wieder die Golferin, Brigitte, am Telefon. »Ich spiele keine Turniere mehr«, verkündet sie locker.

»Wie kommt's, Brigitte?« Ich unterdrücke einen Kommentar à la: »Siehste, hab ich's nicht gesagt?«

»Ich bin einfach zu verspannt! Schon mein ganzes Leben lang.« Aber jetzt ist offenbar das Fass übergelaufen. Brigitte stößt einen tiefen Seufzer aus.

»Und jetzt? Physiotherapie, Osteopathie?« Ich meine es ernst.

»Bin ich schon mit durch! Ich meditiere jetzt.«

»Was, *du*?« Ich staune. Meine vitale Freundin, die immer in Action ist und nie stillsitzen kann.

»Ja, *ich*«, wiederholt sie leicht angefasst. »Seit vier Wochen meditiere ich täglich mit einer geführten Meditation. Meine Rückenschmerzen sind wie weggeblasen. Irgend etwas scheint sich in mir zu lösen.«

»Phantastisch, meine Liebe.«

»Und weißt du was, Monika? Ich sitze auch mal im Sessel und mache nix.«

Das ist Brigitte, wie sie leibt und lebt. Sie geht den Problemen auf die Spur, beobachtet sich selbst, eignet sich neues Wissen an und geht los. Was die Anspannung anbetrifft, so haben wir etwas gemeinsam. »Sie haben einen sehr hohen Muskeltonus«, habe ich im Laufe der Jahrzehnte immer wieder von Physiotherapeuten gehört. Die Anspannung auf der körperlichen Ebene hat wahrscheinlich bei mir und Brigitte eine lange Geschichte, die bis in die Kindheit zurück reicht. Muss ich deshalb auf die Therapeutencouch? Die Anspannung ist nicht nur ein körperliches Phänomen, sondern ein Verhaltensmuster. Im Gespräch stellen wir fest, dass wir unterschwellig immer in Alarmbereitschaft sind, eine hohe Aufmerksamkeit und ein starkes Kontrollbedürfnis haben. Wir wollen alles im Griff behalten. Ein Ding der Unmöglichkeit! Das weiß ich aus Erfahrung. Und trotzdem, wider besseren Wissens, folge ich gelegentlich einem Plan, den mein altes Programm, das zwanzig Jahre jünger ist, immer wieder auswirft.

Was wäre, wenn ich mich mit mehr Vertrauen in den Fluss des Lebens werfen könnte, statt gegen den Strom zu schwimmen? Brigitte hat mich daran erinnert, auch meine Meditationspraxis wieder stärker in den Alltag zu verankern.

Lebensfluss hin oder her. Ein paar Pläne fürs neue Jahr habe ich schon: Urlaub! Ich buche für März eine Ferienwohnung auf Rügen. Sonst rauscht das Leben an mir vorbei und alles ist ausgebucht. Außerdem habe ich mich für einen Schreibworkshop, »Autobiografisches Experiment« bei *schreibwerk berlin* angemeldet, der im nächsten Monat beginnt.

Januar
Erinnerungsarbeit I – Spurensuche und Versöhnung

Ich sitze bei einem Cappuccino und einem trockenen Möhrentörtchen im »Café Augenschmaus« und vertiefe mich in den Milchschaum, der in Form eines Herzens auf dem Kaffee segelt.

Wie lange werde ich das alles wohl noch so klar sehen können? Der Gedanke, dass ich eines Tages nicht mehr meine geliebten Bücher lesen kann, ist kaum zu ertragen. Werde ich dann Hörbücher im Regal stehen haben, sofern mir mein Hören bleibt, und mir ein minimalistisches Leben in einer überschaubaren Zweizimmerwohnung einrichten? Ich komme gerade vom Augenarzt.

Der Sehnerv sei geschädigt und meine Augen getrübt, meint der Mediziner, der meine Fragen immer leicht unwillig beantwortet. Wenn der große Meister sagt, die Linse ist getrübt, wie kann es dann angehen, dass die Patientin gar nicht trüb sieht? Neue Augenlinsen müssen her, seiner Meinung nach, damit das Kammerwasser besser abfließt. »Bevor es zu spät ist.« Das ist das Äußerste, was er an Informationen anbietet. »Sie können gerne zu einem anderen Kollegen wechseln«, kommt es gepresst von ihm. Zwischen zwei schmalen Lippen gibt er eine geschlossene Front von schneeweißen Zähnen frei. Will er mich loswerden? »Das habe ich gar nicht vor«, lüge ich, um die Spannung zu lösen. »Ich bin eine mitdenkende Patientin, die gern auch mal schriftlich die Ergebnisse der (teuren, das denke ich nur) Untersuchungen sehen will, um zu verstehen, was der Status und die Gründe für die Diagnose sind.« Der Augenarzt setzt sich an seinen Computer und in wenigen Minuten erstellt er einen Kurzbericht. Alle Achtung. Jetzt habe ich das Zwischenzeugnis, mit dem ich mich bei einem anderen Arzt »bewerben« kann, kommt mir in den Sinn. Später werde ich feststellen, dass er mir Augentropfen mit Betablocker verschrieben hat, ohne es mit mir abzusprechen. Der circa Fünfzigjährige, schlank und klein an Statur, fließend in den Bewegungen, ist kein Mann, der gern begründet, was er tut. Er ist einer vom alten Schlag. Sich auf gleicher Augenhöhe mit dem Patienten zu treffen, mag nicht seinem professionellen Selbstverständnis entsprechen.

Ich werde eine zweite Meinung einholen und den Arzt, entgegen meiner Beteuerung, wechseln. Für meine Gesundheit bin schließlich ich allein verantwortlich. Ich kenne einige Leute, die in der Sprechstunde überhaupt keine Fragen stellen. Wenn der Arzt oder die Ärztin zu einer OP rät, dann wird das befolgt. Während ich recherchiere, andere Meinungen einhole, Alternativen erwäge, meinen Körper beobachte. Zugegeben, ein nervenaufreibender Prozess zuweilen. Ich bin wählerisch bei der Auswahl von Ärzten und Heilpraktikern. Dazu kann ich mittlerweile stehen. Jeden Tag lerne ich, besser für mich zu sorgen. Auf meinen Körper zu hören und ihm die Nahrung zu servieren, die er am besten verarbeiten kann.

Manchmal scheint es mir so, als ob wir ein Opfer erbringen müssten, wenn wir durch das Tor des Alters schreiten. Etwas verlieren, das unwiederbringlich ist. Viele meiner Bekannten haben bereits ein neues Knie, eine neue Hüfte, Bandscheibenoperationen hinter sich, tragen Hörgeräte. Ich will kein Opfer erbringen. Will alles behalten und so tun, als gäbe es für mich kein Altern. Kindisch oder unbeugsam? Wenn es das Letztere ist, dann muss ich höllisch auf meine Knie aufpassen!

Am nächsten Tag bin ich beim Optiker. Die Sehübungen zeigen: Mein Sehvermögen ist seit zwei Jahren unverändert. Wozu jetzt neue Linsen? Der Stress lässt nach.

Nun bin ich doch bei den Zipperlein gelandet, die uns beim Älterwerden erwischen können. Noch fühle ich mich nicht altersdiskriminiert, wie meine Mutter, die mit Anfang achtzig ständig das Gefühl hatte, dass die Ärzte ihr nicht mehr zuhörten. Diese Erfahrung macht auch die hundertjährige Lieselotte, die ich aus der Nachbarschaftshilfe kenne. Mit Augenzwinkern berichtet sie, die Ärzte wüssten meist gar nichts mit ihr anzufangen. »Die denken doch, dass ich ein verstörtes Rindvieh bin, das aus dem Seniorenheim ausgerissen ist.« Die alte Dame stellt noch mit einhundertundeins Jahren kristallklare Fragen. Zu ihrer Unterstützung habe ich sie einmal zu einer Hausarztpraxis, die neu eröffnet hatte, begleitet. Lieselotte trug den Grund vor, weshalb sie untersucht werden wollte: Schmerzen, die den ganzen Körper durchzogen. Die Hausärztin starrte sie an, als wäre sie eine Erscheinung und nicht eine Frau aus Fleisch und Blut, der man einfach mal den Blutdruck messen kann. Hatte sie Bedenken, sie würde einen falschen

Handgriff machen und die alte Dame zusammenklappen sehen? Lieselotte wollte untersucht werden, aber die Ärztin rührte sie nicht an. Sie stellte keine Fragen an die Patientin. Wir mussten einen neuen Termin vereinbaren.

Ich brauche dringend Ablenkung von diesen Arztbesuchen und lenke meine Aufmerksamkeit auf die Dinge, die mir Freude machen. Wie gut, dass der Online-Schreibkurs, für den ich mich im Dezember angemeldet habe, jetzt startet. »Ein autobiographisches Experiment«, nennt ihn Lore Bardens von *schreibwerk berlin*. Ein Kurs mit nur vier Modulen. Angewärmt von dem Seminar mit Natalie Goldberg, das ich auf der USA-Reise besucht hatte, freue ich mich darauf, Geschichten zu weben, die das eigene Leben erzeugt. Lore hat eine ganz andere Vorgehensweise als die Kreativ-Schreiblehrerin Natalie. Sie präsentiert uns Lehrbeispiele aus der Literatur von Annie Ernaux. Unsere Aufgabe ist es, aus einem Jahrzehnt unseres Lebens eine Episode herauszugreifen und sie in eine Geschichte münden zu lassen. Erzählt in der dritten Person. Eine Perspektive, die mich neugierig macht. Darüber hinaus verbinden wir uns mit den gesellschaftlichen Themen, der »Hintergrundmusik« unserer Geschichten. Welche gesellschaftlichen Strömungen haben unser Weltbild geformt? Was haben wir damals gelesen, welche Musik gehört? Welche Vorbilder hatten wir? Der Aufbau und die Übungen des Schreibseminars begeistern mich. Die Freude am Schreiben und die Lust auf Spurensuche sind geweckt. Wir sind eine kleine Gruppe von sechs Frauen zwischen fünfzig und siebzig, die Spaß daran haben, in ihre eigene Geschichte einzutauchen und sich darüber auszutauschen. Wir leben weit voneinander entfernt, in verschiedenen Regionen Deutschlands. Lore führt uns sachte an die Themen heran. Gleich zu Beginn will sie von uns wissen, warum wir uns dem autobiographischen Erzählen widmen wollen. Diese Frage steht in Beziehung zur Bedeutung der eigenen Vergangenheit.

Seit wann interessiere ich mich für meine Biografie? Der sechzigste Geburtstag war so eine Zäsur. Ich war extrem schlecht gelaunt, obwohl ich Besuch von lieben Freunden hatte. Was für ein Leben habe ich bisher geführt, dass ich mich an meinem eigenen Geburtstag so mies fühlen muss, wunderte ich mich.

Am darauf folgenden Tag ging ich ins Archiv, in meinen Keller. Beim Aufräumen fand ich Tagebücher und Ordner mit Briefen aus meinen Zwanzigern und Dreißigern. Damals führte ich rege Briefwechsel mit Menschen aus der ganzen Welt. Begegnungen, die ich während meiner Studienzeit machte oder auf den vielen Reisen, die ich in jener Zeit unternahm. Ich war überrascht zu sehen, wie groß meine Welt war. Wie stark das Bedürfnis nach Austausch und Verbundenheit. Das hob meine Stimmung. In den Briefen spürte ich die Lebensenergie zwischen den Zeilen. Ich war neugierig auf die Welt und tiefsinnig. Liebte es, meine Gedanken mit anderen zu teilen.

An die meisten erinnere ich mich nicht mehr. Einige alte Freunde, die ich aus den Augen verloren habe, würde ich heute gerne wieder treffen und bedauere es, dass ich die Verbindungen nicht gepflegt habe. Die Reise in die Vergangenheit führt mich noch einmal an die Kreuzungen in meinem Leben, an denen ich mich für einen Weg entscheiden musste. Wie wäre meine Leben verlaufen, wenn ich in Kalifornien geblieben oder nach Hamburg gezogen wäre statt zurück nach Frankfurt? Wenn ich den Brief an meine Studienliebe Hannes nicht im Ärger beantwortet hätte?

Ich fühle mich überrumpelt von den Fragen, die mich plötzlich besuchen und Gefühle von Wehmut und Schuld wachrufen. Früher dachte ich, wenn ich anfange, in der Vergangenheit zu kramen, das sei der sichere Zeitpunkt für schnelles Altern. Doch ich kann die ungeliebten Gäste meiner Gedankenwelt nicht einfach zum Teufel jagen. Sie kämen zur Hintertür wieder herein. Also werde ich einen Weg finden, sie mir vorzuknöpfen – beim Schreiben.

Wann habe ich zum ersten Mal gedacht, wie die Zeit verfliegt? Im Nu ist eine Woche um und plötzlich sind es zehn Jahre. Da ist die Angst, Lebenszeit zu vergeuden. Die Tage nicht für die Dinge zu nutzen, die mir am Herzen liegen. Wenn ich an die Jahre zwischen zwanzig und vierzig denke, frage ich mich, ob ich überhaupt die Muße fürs Verarbeiten meiner vielfältigen Erfahrungen und Erlebnisse hatte, geschweige denn den nötigen Speicherplatz. Heute will ich es wissen, möchte mir die Zeit nehmen, hineinzuleuchten in eine wichtige Zeit, die mich geprägt hat. Wer war ich vor dreißig, vierzig Jahren und wie bin ich zu der Persönlichkeit geworden, als die ich mich heute sehe? Der Hirnforscher Martin Korte schreibt, dass das autobiografische Gedächtnis für unsere Identität entscheidend sei, weil die Erlebnisse und die damit verbundenen Gefühle unsere Perspektive prägen, mit der wir auf die Welt schauen. Ich schreibe, um mich zu erinnern. Und ich bin gespannt, ob der Blick in die Vergangenheit mein Selbstverständnis verändern wird.

Für unsere Übung nehme ich mir die siebziger Jahre vor, das Jahrzehnt, in dem ich das Elternhaus verlassen und zu studieren begonnen hatte.

Nach dem Abitur verließ M. 1972 ihr Elternhaus, ausgerüstet mit der Pille und einem zitronengelben VW Käfer. Vor ihr lag eine Zeit mit vielen Neuanfängen, etlichen Umzügen, Beziehungen und Reisen. Die Eltern erlaubten ihr, wie bereits der zehn Jahre älteren Schwester, zu studieren und ließen ihr freie Studienwahl. Sie entschied sich für Amerikanistik und Geschichte.

In den ersten Studienjahren in Freiburg genoss sie jeden Moment ihrer Unabhängigkeit, die Feten, ihre erste wirkliche Liebesbeziehung mit einem Medizinstudenten, der ihr zwei Jahre später nach England folgte, wo sie für ein Jahr als Assistant Teacher an eine englische Grammar School ging. An der Universität war sie eine stille Zuhörerin. Um politische Gruppierungen wie den Kommunistischen Bund Westdeutschland (KBW), die Flugblätter verteilten, machte sie scheu einen großen Bogen. Die persönliche Entfaltung nahm sie ganz in Anspruch.

Sie landete in Bolton, einer nordenglischen Kleinstadt von Bergleuten und Arbeitern, wo sie in einem der Backstein-Reihenhäuschen mit anderen deutschen Austauschstuden-

ten eine Wohngemeinschaft bildete. Trotz der provinziellen Umgebung fühlte sich die Großstädterin in der Fremde zuhause. Die Fernsicht auf die eigene Heimat gefiel ihr und schien ihr Denken zu beleben. Sehr bald bewegte sie sich in der englischen Sprache wie ein Fisch im Wasser, genoss die Freiheit, sich darin mitzuteilen.

Zurück aus England, schien Freiburg plötzlich zu klein für sie. Der Wechsel hatte auch einen praktischen Grund. Die Freie Universität Berlin akzeptierte das Kleine Latinum für den Studienabschluss. In der Großstadt schlug M. ein neues Kapitel auf. Sie zog in eine Wohngemeinschaft mit zwei anderen Studentinnen, wo sie sechs Jahre mit wechselnder Besetzung wohnte. Das Leben in einer Gemeinschaft mit zwei Frauen, die tiefsinnigen Gespräche bis in die Nacht, gemeinsame Kneipentouren und Reisen boten ihr sowohl Geborgenheit als auch Spielraum für neue Begegnungen und Erfahrungen.

Im Schutz der Gemeinschaft lernte sie, ihre eigene Meinung zu äußern. Der kleine, überschaubare Kreis der Stadtteilarbeitsgruppen in Kreuzberg brachte sie in Kontakt mit gesellschaftlichen Fragestellungen, um die sie bisher einen großen Bogen gemacht hatte. »Das Persönliche ist politisch« war das Motto der Bewegung der Community. Damit konnte sie etwas anfangen.

Die siebziger Jahre waren das Jahrzehnt der Frauenbewegung, die Diskussion um den § 218, Frauenzeitschriften wie »Courage« und »Emma« erschienen. Sprüche wie »Eine Frau ohne Mann ist wie ein Fisch ohne Fahrrad«, gekritzelt auf den Innenwänden der Kneipenklos, amüsierten sie. Ihr Blickwinkel veränderte sich. Weg von den Defiziten hin zu

den Möglichkeiten: Frauen hatten Talente, konnten Selbst-
bewusstsein entwickeln, eigene Entscheidungen treffen, sich
gegenseitig bestärken. Waren nicht allein. Die Erfahrun-
gen in der Frauen-Wohngemeinschaft bestätigten M.'s Ver-
trauen in die Verlässlichkeit und Bestärkung weiblichen
Potenzials. Das bisherige Rollenvorbild der Mutter, die ein
Leben lang Hausfrau gewesen und im Windschatten des
Ehemannes gesegelt war, erschien M. nicht erstrebenswert.

Das Buch »Häutungen« von Verena Stefan hatte in ihr
eine Menge aufgerührt. Die autobiografischen Aufzeich-
nungen der Autorin beschreiben ihren Emanzipationspro-
zess bei der Loslösung von konventionellen Frau-Mann-Be-
ziehungsmustern. Vieles konnte M. intellektuell noch gar
nicht erfassen, aber ihre eigenen persönlichen Beziehungen
mit Männern in dieser Zeit waren ein Wechselspiel von
Bedürfnissen nach totaler Nähe und der Sorge, sich selbst
darin zu verlieren. In ihren Tagebuchnotizen klagte sie
über die männliche Sprachlosigkeit. Sie wollte den Dingen
auf den Grund gehen, die Wahrheit hören und verstehen,
sich selbst eine eigene Meinung bilden. Ihr Schutzschild
wurde ihre Sprache, ihre Ironie, mit der sie auf eine sehr
direkte Art, den Finger in die Wunde legte. Das Thema Fa-
miliengründung, Heirat und Kinder war nicht Bestandteil
ihres Lebensgefühls. In dieser Zeit lief M. überwiegend in
Jeans und T-Shirt herum, sportlich burschikos, mit kurzen
hennagefärbten Haaren, ungeschminkt.

1979 wird der Nato-Doppelbeschluss zum Auslöser für
viele Proteste und Demonstrationen der Frauenfriedens-
bewegung, der sie sich später anschließen wird.

»Sehr schön, wie du die Zeit eingefangen hast. Bring

noch ein bisschen mehr Farbe rein über Dialoge oder die Details einer Situation.« Das Feedback der Schreiblehrerin kommt prompt. Ja, ich bin erst am Anfang. Das autobiografische Erzählen ist noch immer neu für mich.

Die Perspektive der dritten Person lässt mich in Distanz bleiben, auch auf der emotionalen Ebene. Weil ich es noch nicht besser weiß. Dennoch bin ich mit großer Freude dabei.

Aus der Adlerperspektive schaue ich auf den Lebensweg einer jungen Frau und versuche zu verstehen, was sie damals antrieb, immer wieder ihren Koffer zu packen und Neuland zu suchen. Woher nahm sie die Energie, die Unerschrockenheit für die vielen Neuanfänge und Reisen? War das ihrer Jugend geschuldet oder ein Wesenszug von ihr, Teil ihres Lebensgefühls? Einlassen auf Orte und Menschen, aber nie für immer. Es ist eine wundersame Zeitreise. Ich erinnere mich an ihre Träume und Sehnsüchte und die Kämpfe, die sie damals auszufechten hatte, die vielen Umbrüche, Rastlosigkeit und Bemühungen, sich selbst zu finden. Diese Wiederbegegnung berührt mich auf einer tiefen emotionalen Ebene. Ich möchte diese junge Frau umarmen und herzen, sie bestätigen, ihren Weg weiterzugehen. Wiederbegegnung wird zur Wiederversöhnung.

Ich hatte eine Mutter, die in ihrer Mutterrolle unsicher war und es als ihre primäre Aufgabe sah, ihrem überarbeiteten Ehemann den Rücken frei zu halten. Anfang der fünfziger Jahre verbrauchte die neue Existenzgründung des Vaters alle Kräfte. Es war eine aufregende Zeit und die Nerven lagen blank. Ausgerechnet in dieser Zeit kam ich zur Welt, zehn Jahre nach meiner Schwester. Der Name stand schon fest: Horst. Ob es stimmt, dass mein Vater enttäuscht war und meine Mutter im Krankenhaus erst am zweiten Tag besuchte? Wer hat diese Geschichte in die Welt gesetzt? Mündliche Überlieferungen in der Familie sind trügerisch, aber sie prägen das eigene Selbstverständnis. Sicher bekam ich alle Fürsorge der Welt, aber das Gefühl von emotionaler Geborgenheit schien keine berechenbare Konstante.

Das führte möglicherweise dazu, dass die persönliche Unabhängigkeit mein Überlebensmotto und Grundmotiv für meine Entscheidungen wurde. Verlassen wollte ich mich nur auf mich allein. Jederzeit das Leben und die Verhältnisse kontrollieren können. Im Zweifelsfall weggehen, statt zu bleiben. Nach vorne schauen und nicht zurück. In der Erneuerung lag eine große Kraft. Würde mir dieses Potenzial auch jetzt wieder zur Verfügung stehen?

Seit meiner beruflichen Verabschiedung regt sich das Bedürfnis, neu aufzubrechen und in den Norden zu ziehen. Am Anfang war es eine plötzliche Eingebung, die sich bei einer meiner Spaziergänge wie ein Vöglein niederließ, um gleich weiterzufliegen. Wenn ich jetzt dort oben an der Küste meine Spaziergänge machen könnte. Dort, wo die Luft besser als Prosecco schmeckt und das Spiel der Wolken mich in seinen Bann zieht. Einige meiner Freundinnen konnten meinen Zukunftsträumen nichts abgewinnen und äußerten Bedenken: »Du kennst dort keine Seele. Willst du wirklich in deinem Alter noch einmal alles hinter dir lassen und neu anfangen?«

Die Erinnerungsarbeit durch das Schreiben hat mich mit meinem Lebensmuster neu verbunden. Ja, das bin ich. Und das ist ein Teil von mir, der immer vital bleibt, wenn ich es zulasse. In den letzten fünf Monaten hat mich das Vöglein öfter besucht und aus dem flüchtigen Gedanken ist eine Idee erwachsen. Warum nicht jetzt? Wann dann? Ich bin frei weiterzuziehen, wo immer es mich hintreibt. Daran hindert mich auch nicht die feste Materie eines Hauses. Alles ist veränderbar.

Februar
Erinnerungsarbeit II – Spurensuche und Vergebung

Versprochen! Ich quäle mich zum Fitnessstudio. Mirco führt mich wieder durch die Gerätschaften. Am liebsten bin ich auf dem Laufband, auf beiden Beinen in Bewegung. Dann gibt er mir zwei Zweikilo-Hanteln, um meine Armmuskeln zu stärken. Neben mir liegt eine Frau mittleren Alters auf dem Boden und wuppt ein Gewicht von geschätzten fünfzehn oder zwanzig Kilo. Wozu braucht sie das? Zur Selbstverteidigung? Sie muss Spaß haben an diesem Gewichtheben. Ich muss mir eingestehen, dass ich überhaupt keinen Spaß an körperlicher Anstrengung habe. Auch keine Berggipfel erklimmen muss. Ja, schön ist es schon in der Höhe und den Blick in die Ferne schweifen zu lassen. Aber das atemlose Erklimmen ist nichts für mich. Rennen und Joggen ebenfalls nicht. Ich hab's versucht. Wo immer die Ursache dafür liegt – linienförmige und eintönige Bewegungen liegen mir nicht. Dennoch, ich gebe dem Training im Fitnessstudio noch einmal eine Chance. Darf nicht darüber nachdenken, muss es einfach tun. Für die Gesundheit. Denke ich. Also schwenke ich die Hanteln auf und nieder, bis ich wieder gehen darf.

Es gibt eine Bewegungsform, die ich liebe, weil sie in Verbindung mit Musik betrieben wird: Tanzen. Deshalb stürze ich mich mit großer Begeisterung auf die nächste

Schreibübung des fortlaufenden Erzählworkshops: Die erste Tanzstunde. Wir sollen mit Hilfe von Fotos Details der Kleidung, Körpersprache und Umgebung beschreiben. Es geht um das Spiel mit der Erinnerung. Fotos sind für mich eine wahre Fundgrube. Bilder führen mich sofort zu einer Geschichte.

Mir fällt ein Foto in die Hände, auf dem mein Tanzpartner, zwei Köpfe größer als ich, mich mit einer formvollendeten Verbeugung zum Tanz auffordert. An diesen mittelblonden, blassgesichtigen Jüngling mit dem akkuraten Haarschnitt kann ich mich nicht mehr erinnern. Nur an seinen Scheitel. Gerade, wie mit einem Lineal gezogen. Auf den blicke ich nämlich, halb belustigt, halb gerührt, während sein Kopf auf der Höhe meines Busens tief ruht. Seine Augen sind geschlossen, fast meditativ. Eine Momentaufnahme von einer Sekunde.

Das Foto ist anlässlich des Abschlussballs entstanden. Ich bin fünfzehn Jahre alt und sehe zehn Jahre älter aus – in meiner Festkleidung. An den Ohren hängen große silberne Kreolen. Ich trage ein zweigeteiltes, langes Hosenkleid in einem weißen und hellgrünen abstrakt floralen Muster aus einem fließenden Stoff wie Chiffon, das Arme und Beine bedeckt. Das Oberteil ist in Blusenform mit langen Ärmeln geschnitten. Der Rock fällt gerade und fließend. Um meine Taille liegt ein feiner Kettengürtel mit kleinen Medaillen. Wer hatte mich für diesen Abend eingekleidet? Wahrscheinlich meine modebewusste Mutter, die stets bemüht war, in mir das Damenhafte zu betonen. Ich erinnere mich an endlose Diskussionen beim Kleiderkauf. Der mondäne Stil scheint so gar nicht zu mir zu passen. In Jeans und Pullovern fühlte ich mich damals zuhause aber nicht in Röcken und Kleidern. Das erinnere ich über mich heute, fünfzig Jahre später. Wer weiß, ob der Teenager von damals das Flair der besonderen Kleidung genoss? Vermutlich war es ein Kompromiss zwischen Mutter und Tochter. Kein Rock, kein Kleid aber ein Hosenkleid, das wie ein Kleid aussah und wie eine weite Hose ziemlich bequem zu tragen war.

Der Austausch mit den anderen Schreiberinnen inspiriert mich. Wir lesen gegenseitig die Texte und freuen uns daran, welche phantasievollen Geschichten die Erinnerung hervorholt. Da wir in einem ähnlichen Alter sind, entdecke ich vertraute Bezüge und werde an zeitgeschichtliche Einzelheiten erinnert, die ich schon vergessen hatte. Die Ausbruchsgefühle von Teenagern sind wohl universal. Und das Bedürfnis junger Frauen, auf eigenen Füssen zu stehen, auch. Und doch sind unsere Texte ein Kaleidoskop deutschen Kulturlebens, das große Unterschiede aufzeigt. Wir sechs Schreiberinnen sind in unterschiedlichen Familienmilieus und Regionen innerhalb Deutschland aufgewachsen, wo soziale oder religiöse Regeln eine Rolle spielten, die uns geprägt haben. Wie spannend! Lore Bardens, unsere Schreiblehrerin lebt uns mit ihren immer bestärkenden und respektvollen Rückmeldung vor, wie wir mit den Texten der anderen umgehen sollen. Wertschätzend und als Mittel zur Inspiration.

Mit meinem »schlechten Gedächtnis« passiert beim Schreiben etwas Wunderbares. Es öffnen sich immer mehr Türen, die mich in verschiedene Räume der Vergangenheit führen. Bei der nächsten Schreibübung besteht die Aufgabe darin, Erinnerungen wach zu rufen, die wir über die Sinne wahrnehmen: das Essen, die Atmosphäre. Mir kommt eine Szene in Erinnerung, in der ich sogar das Curry noch rieche, das mein Vater in den Krabbencocktail gab, als ich zu seinem fünfundsiebzigsten Geburtstag nach Bad Säckingen angereist war: *Joghurt, einen Streifen Senf hineingerührt, ein Spritzer Crème fraîche, Salz, Pfeffer, eine Prise Curry und ein Schuss trockener Sherry. Ein Zweig Dill obendrauf.* Das Rezept krame ich immer wieder hervor und denke an die vielen Entrées meiner Elternbesuche, die immer sehr stimmungsvoll waren. Das Glas Sekt, das dazu ausgeschenkt wurde, trug sicher dazu bei. Der erste Tag war immer am schönsten. Ich war meist kaum in der Tür, da prasselten schon Vaters Fragen auf mich nieder: *»Wieviel verbraucht jetzt dein Honda? Habt ihr schon Heizöl bestellt?«* Ich bewohnte damals ein Haus im Wald nördlich von Bremen mit meiner besten Freundin Ulla. Ergebnisse, Leistung abfragen, das war sein Ressort. Dann verstummte er in den folgenden drei Tagen, die ich bei ihnen verbrachte. Mutters Gebiet waren die Befindlichkeiten, auch wenn sie die Antworten auf ihre Fragen oft nicht abwarten wollte. Denn entweder werkelte sie noch oder wieder in der Küche, versuchte den Zeitplan ihres Mannes einzuhalten. In Briefen, die dem Besuch folgten, klagte sie: »Ich erfahre nie etwas von dir.«

Gemeinsames Essen und Trinken war ein wichtiger Teil unseres Beisammenseins. Mutter orientierte sich an

Vaters Essvorlieben und kochte seine Leibgerichte. So gab es dann mal wieder Lendchen mit Kartoffeln oder Nierchen oder Leber, Gerichte, die ich nicht essen und riechen konnte. Mir fiel auf, dass sie nie danach fragte, was ich gerne essen würde, wenn ich zu Besuch kam. Ich kam aber auch nicht auf die Idee, Mutter in der Küche aufzusuchen und sie zu bitten, doch mal wieder Hühnerfrikassee mit Kapern zu kochen. Ob sie meine Bitte abgelehnt hätte? Überhaupt war ich selten in der Küche mit ihr. Wie meine Schwester entwickelte ich mich zur Vater-Tochter, die vor allem das berufliche Gespräch mit ihm suchte. Mutter war Zeit ihres Lebens Hausfrau gewesen. Hatte nach der Hochzeit ihre Gesangsstunden und das Malen aufgegeben. Die junge Frau folgte den Konventionen und nahm die Rolle der Hausfrau und Mutter ein. Sie versuchte, das Beste draus zu machen. Als jüngste Tochter spürte ich den Kraftakt, die gelegentliche Trauer und fehlende Begeisterung für diese Aufgabe. Meine Beziehung zu ihr blieb distanziert. Insgeheim nahm ich ihr übel, dass sie nicht gekämpft hatte für ihre Kunst, für ihre Selbstständigkeit. Keine von uns wollte »so wie Mutti« werden!

Nach Bad Säckingen waren sie mit Mitte Sechzig gezogen. Während meine Mutter Malkurse besuchte und ihre Kreativität aus einem vierzigjährigen Dornröschenschlaf holte, wusste mein Vater, ehemaliger Unternehmer, nichts mit seiner neuen freien Zeit anzufangen und begann trübsinnig zu werden. Ich erinnere den Moment, wo ich ihn in seinem Arbeitszimmer an seinem mit zahlreichen Papierstapeln beladenen Schreibtisch sitzen sah, still und versunken, ratlos, resigniert. Er, der immer einen starken Ordnungssinn gehabt hatte, verlor den Überblick.

Das einsetzende Schweigen und die Schwere, die sich bei diesen Besuchen ausbreiteten, konnte ich damals nicht deuten. Ich war im Begriff, beruflich neu zu starten, während meine Eltern Mühe hatten, ihr neues Rentnerleben zu gestalten und im neuen Wohnort heimisch zu werden.

Bei den Schreibübungen half mir die Vorstellung, in Gedanken durch eine Kamera auf das Geschehen, das ich beschreibe, zu blicken. Was hole ich mir näher heran, was lasse ich in der Ferne.

Heute, dreißig Jahre später, erscheint vieles in einem anderen Licht. Ich kann sehen und verstehen, dass meine Mutter in ihrer Doppelrolle als Mama und Ehefrau eines (über)fordernden Ehemanns an ihre Grenzen gestoßen war. Ich bedauere es zutiefst, dass wir, als sie alt war, keine persönlichen Gespräche geführt haben, in denen wir uns einander anvertrauten. Zehn Jahre nach ihrem Tod ist sie für mich präsenter denn je. Manchmal denke ich, ich habe es verpasst, ihre Klugheit und Lebendigkeit kennenzulernen. Heute kann ich meinen Groll loslassen und ihr vergeben. In meinem kleinen Gästezimmer hängen ihre Bilder, die sie erst mit sechzig gemalt hat. Lichtvolle Aquarelle von Bäumen und Blumen. Ihre Kopie von Claude Monets Seerosenteich schaue ich immer wieder an, weil mir das Bild wie ein Traum erscheint, eine Sehnsucht, die sie vielleicht mit niemandem teilen konnte. Gelegentlich erscheint meine Mutter in meinen Träumen und ich empfinde dabei nichts Bedrohliches mehr.

Das autobiographische Schreiben versöhnt mich mit Anteilen von mir selbst, auf die ich vorher mit Schuldgefühlen, Enttäuschung oder Scham geschaut habe. Ich hatte ein eher nebulöses Bild von mir selbst. Heute weiß ich, wie unberechenbar Erinnerungsarbeit ist und dass wir unsere Geschichte mit dem Erinnern und Schreiben darüber immer weiter fortschreiben und verändern. Da ich, wie schon oft beklagt, so ein »schlechtes Gedächtnis« habe, kommen mir die neuen Erkenntnisse der Hirnforscher gerade zum richtigen Zeitpunkt. Es ist doch viel angenehmer mit dem Bild der eigenen »Heldenreise« älter zu werden als mit dem Bild der einsamen Ruferin in der Wüste. Ich kann mich entscheiden, wer ich von beiden sein will oder nicht.

Das Training mit Nelli geht weiter. Acht Hundebesitzerinnen stehen mit ihren Junghunden im Kreis. Sandy, die Trainerin, fordert uns auf, unseren Hund mit Hilfe von Leckerli zuerst auf uns einzustimmen (Sitzen auf der linken Seite) und dann, mit dem Lockhappen vor der Nase, ihn zum »Bei-Fuß-Laufen« zu bringen. Meine Nelli ist im höchsten Maße abgelenkt, hat keine Augen für ihr Frauchen. Während der Erklärungen der Trainerin, sitzt sie mit dem Rücken zur Gruppe. Signal: Null Bock? Ich vermute jedoch, dass ihre zur Schau getragene Lässigkeit eher nervöse Anspannung ausdrückt. Sie möchte sich mit ihren fünf Monaten wohl keinem

Test unterziehen müssen. Außerdem gibt es da einen kleinen pudeligen Mix, der permanent kläfft. Wer kann sich bei so einem schrillen Dauergebell konzentrieren? Mich nervt der Lärm jedenfalls gewaltig. Die Trainerin vermutet, dass der Kleine unterfordert ist. Deshalb darf er gleich mal in die Mitte und mit ihr eine Übung machen. Der Kläffer ist für einen Moment sprachlos. Sein Herrchen, auf kurzen dicken Beinen mit kleinem Bierbäuchlein, wirft Sandy einen gutmütigen Blick zu. Fühlt er sich geschmeichelt? Am Ende ist sein kleiner Racker nicht falsch erzogen, sondern hochbegabt? Sandy erklärt uns, dass wir unseren Hunden einen »Job« geben müssen, sonst würden sie nur Unfug machen. Zum Beispiel könne man ihnen die Bauchrolle auf Befehl beibringen oder die Post vom Briefkasten ins Haus zu tragen. Ich hätte ja gerne, dass Nelli beim Bäcker Brötchen holt. Es ist kalt im Februar. Meine Finger sind ganz klamm und Nelli schlottert am ganzen Körper. Jetzt einen schönen warmen Kaffee. Vielleicht ist mein Pudelmädchen unterfordert bei mir und ich bin überfordert. Wenn sie doch nur endlich ordentlich an der Leine liefe.

Warum eigentlich nicht eine Trainerin engagieren, die diese Aufgabe für mich übernimmt. Ich frage per E-Mail bei Nele an, einer ausgewiesenen Hundetrainerin, ob sie meinem Hund Leinenführigkeit beibringen könne. Wir würden dann den Transfer machen. Die Antwort kommt prompt: »Ich halte es für sehr, sehr wichtig, dass man das Training mit seinem Hund gemeinsam macht. Wie wollen Sie denn sonst lernen, mit ihrem Hund zu kommunizieren, ihn zu erziehen und durchs Leben zu führen?« Fremdtraining mache sie nicht, beschließt die Hundetrainerin kategorisch meine Anfrage. Es klingt fast empört. Muss ich mich jetzt schlecht fühlen? Eltern schicken ihre Kinder doch auch in die Schule und haben noch genug Stoff fürs Erziehen. Meine Idee ist wohl nicht mehr zeitgemäß, vielleicht sogar uncool.

Privatstunden wären eine Alternative. Bei meinen Gassigängen sehe ich Hundehalter mit angestrengten Mienen und ihren Welpen an der zwanzig Meter langen Schleppleine durch den Wald stolpern, immer öfter in enger Begleitung von einer meist schlanken, weiblichen Person in schwarzer Outdoorkleidung mit Käppi und dem konzentrierten Gesichtsausdruck »Ich bin im Dienst«: dem Hunde-Coach. Wir brauchen eine Trainingspause, Nelli und ich.

Am späten Abend des 18. Februars höre ich Hubschrauber über der Stadt kreisen, ein Geräusch, das meist nichts Gutes verrät. Etwas Düsteres kündigt sich an. Am nächsten Morgen erfahre ich in den Nachrichten von der Tat. Neun Hanauer Bürger mit türkischen Wurzeln wurden in einer Shisha-Bar von einem dreiundvierzigjährigen Mann erschossen. Ein rechtsextremistischer Terrorakt. Ich bin fassungslos. Das Grauen ist so nah. Wegschauen geht nicht. Jetzt gilt es, Farbe zu bekennen. Es ist nicht mehr zu übersehen, dass wir Deutsche mit unseren türkischen Mitbürgern in zwei Parallelwelten leben. Das konnte ich auch beobachten, als ich noch im Gymnasium unterrichtete. Die deutsch-türkischen Schüler und Schülerinnen verhielten sich entweder sehr angepasst oder entzogen sich den Regeln. Ließen Leistungen und Pflichten schleifen, machten ihr Ding. Außerhalb von Schule. Viele hatten bereits als Teenager Nebenjobs im Supermarkt oder beim Onkel im Geschäft. Sie hatten gelernt, was sie von sich preisgeben oder lieber für sich behalten wollten. Es gab Kollegen, die im Politikunterricht den türkischen Staatspräsidenten zum Thema machten. Ein Minenfeld. Solche Debatten brachten manche Lernende in die Bredouille, wenn sie einseitig geführt wurden. Sie konnten nicht frei reden und wir verstanden nicht. Eine unsichtbare Wand stand zwischen unseren unterschiedlichen Lebenswelten, dem kulturellen und politischen Selbstverständnis. Da gab es viele verpasste Chancen. Und Fragen, die wir nicht wagten, ihnen zu stellen. Oder Antworten, die wir nicht hören wollten.

Heute aber rückt die Stadt zusammen. Es wird gemeinsam getrauert, in aller Öffentlichkeit. Die Trauergäste hinterlassen auf dem Marktplatz am Brüder-Grimm-Denkmal Kerzen und Fotos der Opfer. Für einen Moment stehen Deutsche und Türken zusammen. Gutgemeinte aber ratlose Diskussionen zum Thema »Rassismus im Alltag« werden im Fernsehen moderiert. Statements und Erfahrungen, wie man sie schon lange kennt. Es sind keine ehrlichen Gespräche, weil nur die »betroffene« Seite sprechen darf. Political Correctness steht wie eine Wand zwischen den zwei Lagern: Migranten und vermeintliche Rassisten. Die Rede ist vom »N-Wort«, ein No-Go. Vielleicht würden sich ganz neue Verbindungen ergeben, wenn wir den anderen nicht für seine Vorurteile fertig machen würden. Denn Vorurteile haben wir alle gegenüber bestimmten Menschengruppen, Positionen, Berufen und Ländern. Manchmal verfestigen sie sich unglücklicherweise im Alter. Oder es passiert das Gegenteil, Toleranz nach allen Seiten. Denn in dieser Lebensphase steht der Mensch wieder mehr im Mittelpunkt und weniger, was er repräsentiert. Die eigene Lebenshaltung macht den Unterschied. Auf einen meiner Gassigänge mit Nelli werde ich damit konfrontiert.

Wir verlassen gerade ein Waldstück und mein Blick fällt auf zwei schwarz gesprayte Worte auf einem Mäuerchen: »*Fuck Islam*«. Sind sie neu entstanden oder stehen sie dort schon jahrelang? Ich jedenfalls kann sie nicht ignorieren und beschließe, sie so nicht stehen zu lassen. Beim nächsten Mal packe ich einen dicken Filzstift in meine Jackentasche, naiverweise. Denke, dass ich ohne große Graffitiausrüstung den Zustand verändern kann. Schleiche um das Mäuerchen herum, luke nach rechts und links. Ich möchte ja nicht gleich ein Bußgeld einkassieren für meine Korrekturarbeit. Ja, genau, das würde ich nämlich sagen; sollte mich jemand auf frischer Tat ertappen, stelle ich auf »wunderliche Alte« um und sage: »Wissen Sie, ich war Lehrerin und das Korrigieren mit Rot liegt mir einfach im Blut.«

Nelli mag sich wundern, was diese Gassipause zu bedeuten hat. Sie hebt ihr Bein und pinkelt an das Mäuerchen. Das ist ihr Beitrag. Was muss man davor so lange herumstehen? Jetzt! Ratsch, ratsch. Mein roter Filzstift schrappt ein X über das Wort »fuck«. Und jetzt steht das Wort »Islam« allein für sich. Ein anderes Wort für »fuck?« *Love?* Nein, das ist zu krass. *Tolerate?* Ja, das passt. Das ergänze ich nächstes Mal. Weiter geht's im Gassigang. Zwei Wochen später komme ich wieder an derselben Stelle vorbei und mein Blick fällt auf das Graffiti. Mein rotes X ist verschwunden, als wäre es nie da gewesen. Hat der Regen alles weggewaschen? Irgendjemand scheint sich an der Diskussion zu beteiligen. Das Wort »Islam« ist mit schwarzem Spray durchgestrichen und darüber steht »Nazis«. So dass nun die neue Botschaft, »*fuck Nazis*« lautet. Naja, sprachlich nicht so elegant. Aber inhaltlich habe ich dem nichts hinzuzufügen.

März
Externe Hindernisse

Mein Urlaub auf die Insel Rügen fällt ins Wasser. Sie ist für Touristen abgeriegelt worden. Was ist passiert? Du wachst eines Morgens auf und alles ist anders. Das Coronavirus geht um, angeblich aus China importiert. Die Schweinegrippe von 2009 ist an mir vorbeigegangen. Ebenso die Vogelgrippe von 2006. Covid-19 jedoch scheint von einem anderen Kaliber zu sein, das sich in Windeseile weltweit ausbreitet. Der Virologe im Fernsehen prophezeit eine düstere Entwicklung. Medikamente, Mundschutz, bald auch Lebensmittel würden knapp werden. Meine Hausärztin rät mir im Flüsterton, jetzt noch so viel wie möglich Medikamente in den Apotheken zu kaufen, bevor nichts mehr geht. Beim nächsten Besuch wird sie mich wahrscheinlich mit Mundschutz behandeln. Manche Städte sagen Großveranstaltungen ab. Die beste Quarantäne sei, zu Hause zu bleiben, sagt einer der Experten in der politischen Talkrunde im Fernsehen. Worstcase-Szenario: Restaurants und Läden werden schließen müssen, weil der Nachschub fehlt. Leute werden Angst haben, sich überhaupt im öffentlichen Raum zu bewegen. Was passiert mit den Schulen? Ein Desaster für die Wirtschaft. Importe aus China sind schon eingestellt, bald auch aus Italien und Spanien? Wann sind die Regale in den Supermärkten leergeräumt?

Es gibt gegenwärtig nur noch ein Thema: die Corona-

Pandemie. In den Nachrichten stündlich und in den Gesprächen. Dennoch gibt es auch in diesem Jahr am 8. März den Internationalen Frauentag. Mit Hilde, meiner ehemaligen Kollegin, verbringe ich ihn auf einem Spaziergang im nahe gelegenen Alzenau. Sie fragt mich, ob ich danach noch zu dem Vortrag »Aktuelle Studien zu den Gehaltsunterschieden von Frauen und Männern« mitkomme. Ich bin von den Covid-19-Ereignissen ein Stück weit abgefüllt und nicht besonders neugierig auf die Ergebnisse und lehne ab. Die Equal Pay Day-Initiative des Frauenverbandes, dem ich einmal angehörte, wird jedes Jahr seit zwölf Jahren neu aufgetischt. »Hilde, die Gründe für die Gehaltsunterschiede sind immer noch die gleichen wie vor dreißig Jahren: der mangelnde Selbstwert der Frauen und die Kinderfalle. Frauen verhandeln nicht.«

Hilde, politisch bei den Grünen organisiert, pflichtet mir bei. »Die Frauen, die es geschafft haben, ziehen nicht naturgemäß – entgegen unseren Erwartungen – andere gute nach. Daran hat leider auch die Bundeskanzlerin nur wenig geändert.« In Gedanken versunken schlendern wir durch die Wiesen und Nelli hüpft vor uns ohne Leine, steckt ihre Nase in jedes kleine Loch, wo vielleicht gerade eine Feldmaus entschwunden ist.

Ich habe einen Termin bei meiner neuen Augenärztin, ausgerüstet mit einer Gesichtsmaske. Ein Besuch unter Corona-Bedingungen. Ich lausche den Gesprächen der Patienten im Wartezimmer, die in ihren Siebzigern sind. Der Mann im blauen Polohemd und beiger Überjacke wartet auf seine Frau. Er unterhält sich mit einer Patientin, die kurz zuvor das Wartezimmer betreten hat und sich stöhnend neben ihn auf den freien Stuhl fallen ließ. Ihre Hand schnellt durch ihren grauen Kurzhaarschopf. Wieder ein tiefer Seufzer. »Na, wie geht es dir?«, fragt er sie höflich. Sie scheinen sich zu kennen. »Schlecht«, antwortet sie und verzieht ihr Gesicht zu einer Grimasse. Ihr Gesprächspartner ist offenbar mit der Antwort zufrieden und beschreibt ihr alle Einzelheiten seines Alltags mit seiner an Diabetes erkrankten Frau. Er wirkt keineswegs resigniert oder deprimiert und spricht ohne Punkt und Komma. Noch einmal will er wissen, wie es ihrem Alfons geht und wieder übergeht er ihre einsilbige Antwort: »Ach je«, die Schlimmes vermuten lässt. Die Frau kommt mit ihrem Leid einfach nicht zum Zuge. Ich frage mich, ob man im zunehmenden Alter überhaupt noch in der Lage ist, einen Dialog zu führen, oder ob das Interesse an den Geschichten anderer naturgemäß nachlässt, weil es das eigene System unnötig belastet.

Mir gegenüber fängt ein älterer Mann zu niesen an und kann kaum aufhören. Die neuen Ermahnungen, ausschließlich in die Armbeuge zu niesen, sind sofort allgegenwärtig. Corona lässt grüßen. Ich bin froh, als ich aufgerufen werde.

Innerhalb von drei Wochen riegeln die europäischen Länder sich ab. Italien scheint mit mehr als dreitausend Covid-19-Todesfällen besonders schwer betroffen. Unfassbar! Frankreich, Österreich, Dänemark und jetzt auch Deutschland haben ihre Schulen geschlossen, Gaststätten müssen schließen. Alle Veranstaltungen werden abgesagt. Mein Fitnessstudio schließt vorübergehend, worüber ich nicht traurig bin. Die Kanzlerin ermahnt dazu, die sozialen Kontakte bis in die Familie zu reduzieren. Von Hamsterkäufen wird abgeraten. Der Handel kann nachliefern, heißt es. Das scheinen die Leute offenbar nicht zu glauben, denn die Regale im Supermarkt sind wie leergefegt. Für die Arbeitenden besteht die Möglichkeit zum Homeoffice. Familien mit kleinen oder schulpflichtigen Kindern haben gerade nichts zu lachen. Bin ich froh, unter diesen Bedingungen nicht mehr unterrichten zu müssen. Wird es bald eine Ausgangssperre geben, und werden wir wie die Italiener auf den Balkonen stehen und singen? Im Moment haben wir glücklicherweise noch das Internet für die Kommunikation. Das Netz ist die Rettung. In ein paar Monaten werden wir das doch wohl überstanden haben. Ich greife wieder öfter zum Telefon. Die ersten Berichte von der »Front« treffen ein.

Meine Freundin Brigitte stöhnt: »Wir waren heute morgen kurz nach sieben zum Einkaufen, um möglichst wenigen zu begegnen, aber es gab doch eine ziemliche Anzahl anderer gleichartig Gesinnter.« Wir schicken uns gegenseitig Selfies mit Gesichtsmaske. Gruselig und doch auch lustig. War das nicht mal die Verkleidung von Bankräubern? Sogar bei einem Spaziergang im Park sehe ich ein junges Paar von sich selbst mit Maske ein Selfie machen, im Hintergrund die mittelalterliche Burgruine. In zehn Jahren werden sie vielleicht darüber lachen und sagen, weißt du noch damals, als uns Corona in Angst und Schrecken versetzte? Oder wird die Gesichtsmaske zum festen Bestandteil unserer Kleidung werden?

Meine zehn Jahre ältere Schwester ist noch in guter Stimmung: »Wir sitzen – wenn nichts zum Aufräumen, Spülen, Graben im Garten ist – auf der Terrasse, wie alle unsere Nachbarn gleichen Alters, bei denen sonst die Enkel herumspringen. Man liest, niest in den Ellenbogen, hält zwei Meter Abstand zu den Nachbarn … und mopst sich.« Sie beobachtet bei ihrem Mann, der sonst täglich Stunden im Fitnessstudio verbringt, Tendenzen eines Klaustrophobie-Kollers.

Ellen, meine Qi-Gong-Lehrerin, sagt alle Kurse ab und schickt mir eine E-Mail: »War spazieren in Langenselbold auf den Wingerten. Die Buschwindröschen sind schon raus und in Wilhelmsbad, wo ich vorgestern war, habe ich eine Schlüsselblume entdeckt. Jetzt hast du Zeit zum Schreiben und ich zum Üben.« Keine Termine. Nur spazieren gehen, das Wetter genießen. Zeit für Stille. Bing! Eine Nachricht von meiner Schreibkollegin A. »Ich hoffe, Dir geht's gut in diesen komplizierten Zeiten, die mir wie eine Zäsur erscheinen, ausgelöst von einem Virus, das uns aus der Sorglosigkeit herausgeholt hat und uns Menschlein den Stinkefinger zeigt. Warten wir's ab. Sei sorgsam mit Dir.«

Alle Mails und Telefonate enden mit dem Satz des Jahres »Bleib gesund«. Wird die verordnete soziale Distanz uns auf andere Weise einander näher bringen? Mich mit mir selbst aufs Neue verbinden? Vielleicht werden die Versorgungslücken den Improvisationsgeist wiedererwecken. Wird die fehlende Ablenkung von außen uns zu einer Vereinfachung des Lebens führen? Im Moment ist das Wetter milde, die Vögel zwitschern, die Forsythien blühen. Ich gehe mit meinem Pudelmädchen täglich zweimal spazieren und freue mich über alle Bäume, die die Trockenheit überlebt haben, während Nelli genüsslich jeden Grashalm dreimal umdreht und keine Eile kennt. Spaziergang im Zeitlupentempo. Das Leben fließt gerade sehr, sehr langsam. Wir wissen nicht, was morgen ist.

Ich stehe mit meinem Auto vor einer Ampel, die rot zeigt. Von rechts nähert sich ein Mann und pocht an das Beifahrerfenster. Ich lass die Scheiben zur Hälfte herunterfahren. Er will mir eine Rolle Toilettenpapier verkaufen. Automatisch strecke ich meinen Arm aus, um das Paket an mich zu nehmen. Wie viel? Zwei oder drei Euro, der Mann zieht die Schultern hoch. Plötzlich habe ich Skrupel. Lass die Scheibe wieder hochfahren. Schwarzmarkt in Corona-Zeiten, auf gar keinen Fall. Ich fühle Nellis Pfoten auf meiner Bettkante. Es ist sieben Uhr.

Einige Tage später lese ich in der Tageszeitung von Angeboten für Toilettenpapier, pro Rolle für zehn Euro wollen die privaten Verkäufer haben. Es gibt ihn also tatsächlich, den Schwarzmarkt. Am Toilettenpapier scheiden sich die Geister und vielleicht auch die Kulturen. Parallel zu den Wucherern sieht man auf Ebay Leute, die Toilettenpapier verschenken, ja sogar älteren Leuten anbieten, den Schatz bis zur Tür zu bringen. In Frankreich werden angeblich Rotwein und Kondome knapp. Oder ist das nur eine nette Story, die den Kultstatus von Frankreich als dem Land der Liebe bestätigt? Verrückte

Welt. Was wird siegen, das Ego oder das Gemeinschaftsdenken?

Meldung aus der Zeitung zu der Situation in Frankreich. Aufgrund der überlasteten Krankenhäuser werden Patienten ab achtzig nicht mehr beatmet. Ich versuche, mir diese Information vom Leibe zu halten, wie überhaupt stündliches Nachrichtenhören.

Mein Schreibtisch ist gegenwärtig mein Hafen, wo ich täglich mit dem Schreiben vor Anker gehe. Die regelmäßigen Eintragungen sind zur Routine geworden. Es sind jetzt acht Monate nach der Verabschiedung vergangen und ich lese noch einmal den Vorspann, der zum ersten Kapitel führt. Das letzte Jahr vor der Verabschiedung mit Konflikten und Reibungen, die ich nicht erwartet hätte. All das ist schon so weit weg von mir. Will das überhaupt jemand lesen? Das Leiden einer Lehrerin kurz vor der Pensionierung?

In meinem Vorgarten entdecke ich die ersten Frühlingsboten: Schneeglöckchen und Krokusse recken ihre Knospen in die wärmenden Sonnenstrahlen. Wir haben achtzehn Grad. Die meisten Nachbarn scheinen mittlerweile zu Hause zu sein. Die Parkplätze sind rar geworden. Brummelnde Geräusche eines Rasenmähers in der Nähe. Elsa und Herbert nebenan bekommen Besuch von ihren zweijährigen Zwillingsenkeln. Beide Familien blieben vierzehn Tage in selbstgewählter Quarantäne und treffen sich jetzt wieder. Wie werden sich die Kleinen an diese Zeit erinnern? Ich nehme teil daran, wie Eltern und Großeltern ihre kleine Gemeinschaft mit viel Liebe hegen und pflegen. Mich berührt und beglückt es, das zu sehen, obwohl ich allein lebe und nur für mich sorgen muss. Nicht alle kommen mit der Situation gut klar, weil sie gerade ihren Job oder ihr Geschäft verlieren.

Im Park, den ich täglich mit Nelli aufsuche, sehe ich Familien auf der Picknickdecke. Einfache Kinderspiele werden ausgepackt. Mama und Papa halten das Seil, und die Kleine hüpft begeistert. Die Freude und Zuversicht, die ich dabei beobachte, stecken an. Ein paar Jugendliche haben ihren Schulsportunterricht nach draußen verlegt und machen Liegestützen und andere Fitnessübungen. Supersportliche junge Mütter brettern auf ihren Sportbikes mit Kind und Kegel durch die Wälder und stoppen kurz, um Selfies zu schießen.

Im Supermarkt bleiben die Regale für Klopapier, Spaghetti und Mehl leer. Die Geschäftsführung will das Hamstern verhindern, deshalb muss man sich wegen Toilettenpapier an das Personal wenden. Mein kleiner Supermarkt bekommt nur alle naselang Nachschub. Ich muss mir eine neue Einkaufsquelle suchen. Eine Freundin aus Nordrhein-Westfalen erzählt mir am Telefon, dass bei ihnen das zweite Paket Toilettenpapier zehn Euro teurer sei, was zu einem Rückgang des Hamsterns geführt habe.

Kunst, Kultur und Wissenschaft kann man jetzt im Netz besuchen, über Vorträge, virtuelle Rundgänge. Für mich zu anstrengend. Die virtuelle Welt kann ich nur in geringer Dosis genießen.

Meine Cousine aus Leipzig schickt mir ein kleines Musikvideo über WhatsApp. Katrin Gerstenberger, Sängerin im Opernensemble, greift zur Gitarre und singt uns das Corona-Lied. Davon kursieren im Moment viele verschiedene, aber dieses ist besonders eingängig. »Ein bisschen Freude, ein bisschen Sonne für eine Welt ohne Corona« – und dann beschreibt sie den momentanen Corona-Alltag, der ein bisschen Konserven, ein bisschen Spaghetti, Toilettenpapier brauche und aus ein bisschen Streamen, ein bisschen Träumen bestehe.

Nach der Melodie eines alten Volksliedes endet es mit folgendem Refrain: *Bleib zu Haus und halt dich dran, dass die Welt genesen kann.* Ein Solidaritätslied. Sollte diese Pandemie uns, nach den zahlreichen Terroranschlägen von rechts, zusammen schmieden? Ost und West, Muslime, Christen, Juden und Buddhisten? Sind wir für einen Moment alle gleich? Es wäre zu schön, aber es scheitert schon daran, dass nicht alle den gleichen technischen Zugang zum Internet haben. Im Moment wird deutlich, wo die Abspaltung beginnt.

Gegen zwanzig Uhr schicke ich das Liedchen an meine Freundin Brigitte weiter, die zehn Jahre älter ist und eine Gitarre hat. Ihr Dankeschön und ihre Antwort folgen prompt eine Stunde später: »Wenn ich nur halb, ach nur ein Viertel oder ein Achtel so gut singen könnte, ja dann würde ich wieder meine Gitarre aktivieren. Gitarre ohne Stimme geht nur bedingt.«

Solche Töne kenne ich nur zu gut, denn mein Klavierspielen hat gerade auch Sendepause. Ich beschließe, sie auf Trab zu bringen. »Heißt also, du wirst die Gitarre nie mehr in die Hand nehmen? Du machst dir das schön einfach, meine Liebe. Stell dir vor«, flunkere ich, »ich würde mein Klavierspielen aufgeben, weil Chopin mir nicht aus den Fingern perlt. Also nee, das geht ja gar nicht.« Ich setze dazu ein Icon mit enttäuschtem Gesicht.

Dann höre ich nichts mehr von ihr. Drei Tage später: »Es hat zwar erst etwas in mir geknirscht', aber dann dachte ich, einfach mal machen. Die Freude kommt im Tun. So war es denn auch! Nachdem ich das Gitarrenset wieder belebt hatte, ging alles wie von selbst und mit mehr Ruhe und Geduld als sonst. Die Stimme hat mich nicht ganz verlassen und wenn doch, dann summe ich die Passage. Seit letzter Woche habe ich eine Übungsstunde dafür in meinen Tagesablauf eingeplant. Fühle mich dabei sehr wohl und freue mich über deinen Anstoß – danke!«

Diese Zeiten erfordern wirklich unsere gesamten Kräfte. Wir Singles und Alleinlebenden müssen das allein aufbringen – die Zuversicht und das Vertrauen, dass für alles gesorgt wird.

Ich suche mit Nelli immer entferntere Plätze auf, denn überall tummeln sich Menschen, die froh sind, ihrer vier Wände zu entfliehen. Das Wetter spielt mit. Mein Lieblingslokal hat das Catering für einzelne Gerichte eingestellt. Eine kleine Abwechslung wäre jetzt mal nett gewesen. Dennoch: Kochen und Backen beruhigen meine Nerven, erden mich. Als ich vor ein paar Tagen die ersten selbstgebackenen Brötchen aus Dinkelmehl aus dem Ofen hole, bin ich glücklich. Fühlt sich gut an, etwas tun zu können. Das ist für mich die Lektion der gegenwärtigen Pandemie.

Es wird immer externe Ereignisse geben, die ich nicht

beeinflussen kann und die meine Pläne durchkreuzen oder zunichte machen. Nicht verreisen können ist im Moment ein Luxusproblem. Dann fahre ich eben später auf die Insel Rügen.

In vielen Fällen ist nicht das Unglück selbst das Schlimmste, sondern die eigene Haltung dazu. Wie gehe ich mit dem Ereignis um? Bleibe ich in der Angststarre stecken oder überlege ich, wie ich mich der neuen Situation stelle und für mich sorge, wessen Hilfe ich in Anspruch nehme und wen ich unterstützen kann? Ich lebe allein und deshalb habe ich ein großes Bedürfnis, mich mit anderen zu verbinden und Anteil zu nehmen. Gerade in so einer schwierigen Zeit.

Bei einem weiteren Telefonat mit Freundin Brigitte wird mir klar, welche Herausforderung die neue Situation an uns stellt hinsichtlich unserer Flexibilität. Im Gespräch jammern wir gemeinsam darüber, wie mühsam das Einkaufen geworden ist. Es gibt so viele Beschränkungen. Schlange stehen ist jetzt an der Tagesordnung, weil nur eine begrenzte Anzahl von Kunden im Laden sein dürfen. Alles geht langsamer. Der Mundschutz kneift. Brigitte und ich gehören zu den Ungeduldigen. »Nach dem Einkaufen bin ich immer platt«, beschwert sich meine sonst so energiegeladene Freundin. »Was ist denn so ermüdend?« Sie entdeckt, dass sie mit alten Gewohnheiten brechen muss. So findet sie für ihren täglichen Spaziergang neue Wege, weil die alten überfüllt mit Menschen sind, die sich auf den schmalen Wegen im nahegelegenen Park abstandslos tummeln. »Vorbei ist die exklusive Auswahl von Tomaten in dem einen

Laden und das Käsesortiment in einem anderen. Schluss damit!« Brigitte redet sich in Rage. Sie entscheidet, vorübergehend alles in einem einzigen Laden zu kaufen, und was nicht im Sortiment sei, darauf verzichte sie eben. Ich bin beeindruckt von ihrem Pragmatismus. Meine Freundin hat sich der neuen Situation blitzschnell angepasst.

Mich nervt schon seit zwei Wochen, dass meine Gassigänge durch die Wälder mit Nelli immer stärker von den neuen Sportlern frequentiert werden. Alle naselang brettert ein Biker oder hechelt ein Jogger an uns vorbei – abstandslos! Dennoch dauert es lange, bis ich auf die Idee komme, die Waldwege wie auch die Uhrzeit meiner Spaziergänge zu ändern. Sollen doch die anderen. Tun sie aber nicht. Angeblich soll ein Frosch, den man in einen Topf mit kaltem Wasser setzt, um es dann zu erhitzen, einfach sitzen bleiben und keinen Fluchtversuch unternehmen. Er bleibt sitzen und stirbt. Sind wir alle ein bisschen »Frosch«? Auch wenn das Einüben von neuen Verhaltensweisen erst einmal Stress verursacht, so sollen sie, behaupten die Altersforscher, das Gehirn im Alter elastisch halten.

Die ersten sechs Wochen Pandemie inklusive Selbstisolation überstehe ich leicht angespannt aber klaglos. Im Moment vermisse ich noch nichts. Oder doch: Die geschlossenen Cafés und Läden in der City vermitteln Endzeitstimmung. Wir alle halten die Luft an. Wie lange? Es zeigt sich, dass der Kontakt zu Freunden nicht abreißt. Im Gegenteil, wir suchen einander auf – übers Telefon, per E-Mail, SMS oder WhatsApp.

Ich habe meine Qi-Gong-Übungen und Meditationen

wieder aufgenommen. Vor dem Schlafengehen lausche ich beruhigenden Klängen statt den aktuellsten Tagesnachrichten, die von Tag zu Tag beunruhigender werden. Jetzt gerade (und nicht nur jetzt) scheint es mir enorm wichtig, positiven Gedanken Raum zu geben. Der Fluglärm hat abgenommen wie auch der Autoverkehr. Nachrichten zufolge soll nach vier Wochen Verkehrspause der CO_2-Wert gesunken sein. Die Natur atmet durch.

Meine Sonntagszeitung hat ein paar Aspekte zum neuen Habitus in der Krise zusammengestellt. Zwei davon sprechen mich besonders an: »Jeden Abend kann man ins Bett gehen in dem Bewusstsein, nichts verpasst zu haben. Wann hat man die Sterne zuletzt so klar gesehen?«

April
Aufbruchsstimmung

Ab heute ist Maskenpflicht in meiner Stadt beim Einkaufen und im öffentlichen Verkehr. Der »Lockdown«, wie es so schön auf Neudeutsch heißt, hat begonnen. Gastronomie und Geschäfte außer Lebensmittelläden bleiben geschlossen. Die Kultur hat Sendepause. AHA ist das tägliche Mantra, das von Politikern und Virologen ausgegeben wird: Abstand, Hygiene beachten und Alltagsmaske tragen. Kontaktsperre. Keine Partys und Großveranstaltungen. Damit kann ich gut leben. In meinem Alter sind es kleine, überschaubare Grillpartys im Garten bei Nachbarn oder Freunden, wo wir unsere Geselligkeit austoben.

Corona regt zu kreativen Wegen der Kommunikation an. Meine frühere Englischkollegin Sabine schickt mir eine Art Kettenbrief mit dem Titel »Poem Exchange«, gerichtet an alle diejenigen, die sich gerne in der englischen Sprache bewegen und vor allem Lyrik lieben.

In der Mail stehen Adressen von Menschen, die mir unbekannt sind. Ich soll, darf an die oberste Adresse mein englisches Lieblingsgedicht senden. Ich werde auch eins erhalten von irgendwo her. Ich verschicke an Susan F. »The road not taken« von Robert Frost, in dem er darüber sinniert, welche von den zwei Wegen, die vor ihm liegen, er nehmen soll. Er entscheidet sich dann für den Weg, der wenig bereist wurde. Das Gedicht endet:

I took the one less traveled by,
And that has made all the difference.

Am folgenden Tag erhalte ich drei Gedichte von Menschen, die ich nicht kenne. Hubert M. schickt mir *I Keep Six Honest Serving Men* von Rudyard Kipling, eine Wortspielerei über die vielen Fragen, die unser Leben kontrollieren. Besonders von Kindern kennen wir die grenzenlose Neugier auf das »Warum«.

Das Gedicht spricht mich an, weil ich mich dabei ertappt fühle, noch heute alles verstehen zu wollen. Je älter ich werde, desto mehr nehme ich das eigene Wissen und die eigene Erfahrung als Richtschnur und erkläre Abweichungen davon als die Ausnahme oder sogar als Irrtum. Ich hätte nichts dagegen, weniger Warum-Fragen zu stellen und Erscheinungen einfach als Momentaufnahmen durchlaufen zu lassen. Die Pandemie wirft permanent Fragen auf, die unbeantwortet bleiben.

Die kleine Lyrikexpedition führt zwar nicht zu einem regen Gedankenaustausch, aber es ist wie ein Geschenk von Mensch zu Mensch. Jemand hat sich Gedanken gemacht und ein paar Zeilen weitergereicht, die ihm oder ihr etwas bedeuten. Das tut gut und spendet Trost.

Ich treffe jetzt meine Freundinnen bei einem Spaziergang durch Wiesen und Felder. Meine Qi-Gong-Gruppe übt immer donnerstags im Park um zehn Uhr unter einer alten Eiche. Der Tag ist noch frisch, der Sauerstoff noch nicht verbraucht. Vogelgezwitscher begleitet unsere Drachenübung. Die Blätter wiegen sich im Wind und die hindurch blitzenden Sonnenstrahlen erwärmen mein Gesicht. Die Notlösung wegen Corona stellt sich als große Bereicherung heraus. Wir können uns plötzlich nicht mehr vorstellen, in geschlossenen Räumen zu üben. Qi-Gong gehört in die Natur.

Es ergibt sich, dass ich mich mit Ellen, meiner Qi-Gong-Lehrerin, nach dem Kurs für ein Stündchen auf eine Bank setze. Vor uns liegt der Ententeich. Wir plaudern. Wir sind zu zweit, manchmal auch zu dritt, alle in den Sechzigern. Unsere Themen sind tiefsinnig und doch leicht. Es sind andere Gespräche, als wir sie in einem Café führen würden. Mitten in der Natur – und noch im Trainingsanzug – scheinen sie unverfälscht und unmittelbar. Wir tauschen Erinnerungen aus über unsere eitlen Mütter, die Anstrengungen in unseren Vierzigern, mehr Weiblichkeit zu zeigen, Geschwisterliebe, Geschwisterneid. Gedankensplitter, eine Episode oder Szene, über die wir heute herzhaft lachen können. Nach einer Weile bringt eine von uns eine Thermoskanne mit Kaffee mit, eine andere Tee, Kekse, Selbstgebackenes, feine Schokolade. Frei und draußen. Unser »Bankgeflüster« wird zu einem Ritual, das ich nicht missen möchte. Neue Freundschaften entstehen.

Ellen erzählt uns von einem Vortrag des Gehirnforschers Gerhard Hüther über das Altern als Chance. Offenbar ist das Gehirn in der Lage, bis ins hohe Alter zu lernen und immer neue Verbindungen herzustellen. Das finde ich sehr tröstlich. Der wichtigste Auslöser dafür seien emotionale Erfahrungen. Dass wir die Dinge, die wir tun, mit Freude tun. Dass sie unser Herz erwärmen und uns berühren. Es muss »unter die Haut gehen«, so formuliert es Hüther. Und alles, was die Beziehungs-fähigkeit verbessert, sei ebenfalls gut fürs Gehirn. Diese feinsinnigen Gespräche auf der Bank mit Frauen, die zuhören und sich einander offenbaren, berühren mich an Herz und Seele.

Mir wird bewusst, wie meine Schwester und ich uns bemühten, unsere alte Mutter zu schonen. Sorgen, Probleme und Befürchtungen versuchten wir, von ihr fern zu halten. Wir dachten, ein alter Mensch könne damit nicht umgehen. Vor allem nicht mit starken Emotionen. »Du erzählst nichts. Ich erfahre gar nichts mehr von dir«, klagte meine Mutter immer wieder, nachdem ich sie besucht hatte. Dabei hatte ich das Gefühl, ihr sehr viel zu erzählen. Alltagsereignisse, schöne Dinge. Ich wollte sie bei Laune halten. Hatte jedoch oft das Gefühl, dass sie nur halb hinhörte. In ihren Augen war das nur Deko. Vielleicht fühlte sie im Grunde ihres Herzens, dass ich sie an meinem Leben nicht teilnehmen ließ, weil ich mich nicht darüber mitteilte, was wirklich in mir vorging.

Kann man das Erleben von Gefühlen wie Trauer, Freude und Mitgefühl verlernen, wenn es immer seltener ausgelöst wird? Das ganze Spektrum der Gefühlswelt, die nur in der Beziehung erlebt werden kann. Meine Mutter, die immer gerne lachte, fand nun immer weniger einen Grund, sich zu freuen. Traurigkeit und Freude, zwei Seiten einer Medaille. Sie fühlte sich zunehmend einsam. »Du einsam?« Hatte sie nicht genug Gesprächs-partnerinnen in ihrer Seniorenresidenz und waren wir nicht in ständigem Kontakt miteinander? Zudem besuchte sie einen Malkurs. Keine von uns verstand das. Die Treffen mit ihrer Malfreundin wurden seltener und damit auch die vertrauensvollen Gespräche.

Heute bin ich der Meinung, dass wir älteren Menschen etwas zumuten dürfen, nämlich die Wahrheit der Umstände, unsere Ängste und auch unseren Ärger. Die Kunst besteht darin, die Botschaft freundlich und eindringlich zu vermitteln. Der persische Dichter Rumi empfahl, Worte durch drei Tore zu schicken mit folgenden Fragen: *Sind sie wahr? Sind sie notwendig? Sind sie freundlich?* Eine lebenslange Übung, die sich lohnt. Zu Lebzeiten meiner Eltern ist sie mir oft nicht gelungen.

Gilt diese Erfahrung mit den Dingen, die »mir unter die Haut gehen«, nicht auch im Freundeskreis? Wir dürfen einander fordern und einladen, am Schmerz wie an der Freude teilzuhaben, die uns das Leben bietet. Wenn eine Freundin regelmäßig über ihren Nachbarn, der über ihr wohnt, jammert und klagt, schalte ich irgendwann ab. Wenn sie mir aber erzählt, wie sie nachts wach liegt und vor Kummer nicht einschlafen kann, bin ich sofort bei ihr. Zuhören, Beratschlagen, Trost spenden, was immer die Situation erfordert, tut mir gut, weil ich mich verbunden fühle. Und wenn ich erzählen kann, was *mir* am Herzen liegt.

Ich bin wieder mal mit Nelli unterwegs entlang des Bahndamms, der eine Straße von meinem Haus entfernt liegt. Seit einem halben Jahr haben wir dort eine Großbaustelle. Der alte Bahnübergang erhält eine Unterführung für die Autos – in drei Jahren. Staub und Lärm hängen in der Luft. Für eine Kurzrunde geeignet, aber keine Augenweide. Ich stelle mir vor, wie es sein muss, am Wasser entlang zu laufen, gar am Strand oder Hafenbecken mit Blick auf die Boote und Schiffe, die auf dem Wasser schaukeln. Herrlich modriger Geruch, der in die Nase steigt. Warum ziehe ich nicht in eine Umgebung, die mir das Herz öffnet, wohne in einer Stadt, in der ich gerne über den Markplatz gehe und mich in ein kuscheliges Café setzen kann? Wieder umziehen? Noch einmal neu irgendwo anfangen! Ich fühle Aufbruchsstimmung.

Aktive Ruheständlerin (66 Jahre alt) sucht kleines Haus oder Wohnung in Eutin und Umgebung. Gerne auch im Rahmen eines größeren Wohn-/Hausprojekts von Mitstreiter/innen, die auch lebendige Nachbarschaft gestalten wollen. Gemeinschaft und individuelle (Lebens)Räume sollen in guter Balance sein – ab März 2021.

Hausprojekt OHgmail.com

Ich strecke meine Fühler aus und gebe die Anzeige im Onlineportal für Hausprojektsuche ein. Ich habe genug darüber gegrübelt, jetzt will ich den ersten Schritt wagen. Gibt es Gleichgesinnte im großen Universum, die ebenfalls aufbrechen und in Gemeinschaft wohnen wollen? Susanne aus Castrop-Rauxel meldet sich: »Wir wollen, wenn die Immobilie passt, auch nach Schleswig-Holstein. Wir stellen uns eine Co-Housing-Gemeinschaft vor. Vielleicht können wir telefonieren.« Am Telefon habe ich gleich Susanne, der ich mich vorstelle. »Ich reiche Sie an meinen Mann weiter«, ist ihre Antwort und ich stutze. Die potenzielle Mitbewohnerin reicht mich an ihren Mann weiter. Das kann ja heiter werden. Dann habe ich Dieter am Telefon und lautstark erzählt er mir gleich von einem Hotel in der Region, das zum Verkauf steht. »Hotels sind ideal für Hausgemeinschaften. Man braucht nur ein paar Zimmer zusammenlegen.« Leuchtet mir ein. Das Hotel, das ich gleich mal google, ist allerdings sanierungsbedürftig. »Das kann ziemlich teuer werden, Dieter«, gebe ich zu bedenken. »Wollen Sie der Investor sein?« »Ja, warum nicht«, antwortet er locker. »Wie stellen Sie sich das Co-Housing vor?«, will ich wissen. »Ich zum Beispiel möchte in einer abgeschlossenen Wohnung leben.« »Ja, natürlich«, brüllt Dieter in mein Ohr. »Aber man könnte eine gemeinsame Küche haben und ein gemeinsames Ess-Wohnzimmer. Jeder ist abwechselnd mit Kochen dran. Und im Wohnzimmer sitzt der eine hinter der *Stuttgarter Zeitung* und der andere liest *Die Welt*. Da kann man sogar die Zeitungen prima miteinander austauschen«, ereifert sich mein Gesprächspartner und im Geist sehe ich ein erhitztes, rotes Gesicht. Regemäßig für die ganze Meute kochen – das sind Aussichten. »Kochen Sie gerne, Dieter?« frage ich in betont harmlosem Ton. »Jau, aber das ist mehr Susannes Talent«, und lacht polternd. Ich spüre, dass mir jeglicher Bezug zu ihm fehlt, und beende das Gespräch freundlich. »Wir bleiben in Kontakt.« Mr. Google berichtet, dass Dieter und Susanne schon einige Jahre ein Wohnprojekt verfolgt hatten, das nicht zustandekam, und außerdem einer politischen Gruppierung angehören, mit der ich keine Verbindung suche.

Jeden Tag habe ich jetzt Post im digitalen Briefkasten von ausschließlich Frauen in meinem Alter. »Suche ebenfalls im Großraum HH/Lübeck, verkehrsruhig, Fahrradanschluss ÖPNV. Gartenoption. Gemeinwohl-GFK-Ausrichtung. WG-erfahren Bibliothekarin/Biogärtnerin. Umzugsbereit wieder in den hellen Norden ab 2021. Haben Sie Interesse an Kurzaustausch?« Konkrete Vorstellungen im Telegrammstil. Kurzaustausch? Ich lasse die Mail erst einmal stehen.

Esther beschreibt sich als in »schon etwas fortgeschrittenem« Alter mit dem Ziel, gemeinsam noch älter zu werden. »Mein Traumziel ist die Ostsee. Die Finanzierung muss ja stehen, bevor man sich für ein Objekt entscheidet. Würde mich gerne mit Ihnen austauschen.« Esther erzählt am Telefon, dass sie schon seit zehn Jahren mit verschiedenen Wohnprojekt-Initiativen unterwegs ist, ohne erfolgreiche Umsetzung. Seit zehn Jahren! Ob sie wohl zu den langmütigen Menschen gehört, die sammeln und sammeln und nie eine Entscheidung fällen? Am Telefon ist sie zurückhaltend und erzählt nichts über sich selbst. Außer dass sie jetzt unbedingt erst einmal umziehen müsse, weil sie einen lärmenden Mieter unter sich wohnen habe. Ein gemeinsames Treffen bei einem Spaziergang lehnt sie wegen Corona ab, obwohl wir beide im Rhein-Main-Gebiet wohnen. Unsere Gespräche bleiben steif und trocken.

Marita aus der Nähe von Stuttgart mit einem Setter an ihrer Seite. »Schon immer hat es mich ans Wasser gezogen und diesen Traum möchte ich mir endlich erfüllen. Allein ist es allerdings schwierig und nicht wirklich schön.« Offenbar kennt sie Schleswig-Holstein durch ihre frühere Pferdezucht sehr gut, und die Region der Lübecker Bucht ist für sie ein »Sehnsuchtsort«. Sie interessiert sich für bewusstes Leben, Naturnähe, gesunde Ernährung, beschäftigt sich mit Heilpflanzen, sei aber offen für alles, was noch kommt, ergänzt sie in der E-Mail. Wir telefonieren und führen angenehme Gespräche. Ich empfinde Sympathie. Auch sie ist in der Lage, etwas zu finanzieren.

Heidi aus Neuwied, aufgewachsen in Ludwigsburg, hat schon viele Hausprojekte kennen gelernt. Sie verfügt über eine kleine Altersrente, hat kein Auto, möchte in eine Kleinstadt, um dort noch arbeiten zu können. Sie wandert gern, liest und beschreibt sich als linkslastig. »Habe auf eigene Faust die Welt bereist und bin entsprechend wenig traditionsgebunden. Demnächst reise ich nach Ostfriesland, um eine Frau zu treffen, die ebenfalls an einer gemeinschaftlichen Wohnform interessiert ist.« Die frühere Sozialpädagogin möchte das Brennpunktviertel in Neuwied verlassen. Wir telefonieren und finden schnell eine Gesprächsebene miteinander, als würden wir uns schon länger kennen.

Iris aus Nürnberg meldet sich mit »Moin Monika«. Sie zieht es ebenfalls an die Küste. »Die Mentalität der Menschen dort, die Sprache, das Klima, der Wind.« Reines Landleben kommt für sie nicht in Frage. Sie benötigt nur eine vierzig Quadratmeter große, bezahlbare Wohnung, zum Kauf oder zur Miete, die sie bislang weder in Ostfriesland noch in Nordfriesland oder Ostholstein gefunden hat. Wir skypen und tauschen uns aus. Unsere Interessen scheinen ähnlich, aber unser Beuteschema hinsichtlich Wohnen ist unterschiedlich. Ob wir auf einen gemeinsamen Nenner kommen? Wir wollen in Kontakt bleiben.

Insgesamt trudeln fünfzehn Mails von Frauen in meinem Alter ein, die es an die Küste zieht und aus verschiedenen Gründen ihren Wohnort lieber heute als morgen verlassen wollen. Ist das die große Aufbruchsbewegung der Frauen sechzig plus? Ich bin verblüfft und gleichzeitig erfreut über die Resonanz. Ich bin nicht allein mit meinem Vorhaben. Mit meiner Sehnsucht. Und es gibt noch andere Mutige, die alles hinter sich lassen und eine neue Heimat suchen wollen. Zwischen den Zeilen höre ich auch Zögern und die Angst vor der eigenen Courage. Suchen die Frauen vielleicht nur Mitreisende, um nicht allein zu bleiben, oder suchen sie wirklich ein Projekt für gemeinschaftliches Wohnen? Das gilt es herauszufinden, auch für mich selbst. Ist es nur eine Vision oder ein wahrhaftiges Herzensbedürfnis? Wir benötigen Zeit, um einander kennenzulernen. Unter Corona-Bedingungen leider ein Unternehmen im Bremsgang.

Heidi aus Neuwied hingegen möchte mich wirklich kennenlernen und ist bereit zu reisen. Ich lade sie ein, zwei Tage bei mir zu wohnen. in meinem kleinen Gästezimmer überziehe ich das Bett mit frischer Bettwäsche. Ich bin neugierig auf unsere Begegnung. Ein konkreter Schritt, Gemeinschaft zu erkunden. Am Telefon hat sie eine tiefe und weiche Stimme. Sie wirkt sehr entspannt. Ich stelle sie mir mit langen hennagefärbten Haaren vor, größer als ich, ein bisschen mollig aber wendig. Am Bahnhofseingang, am vereinbarten Treffpunkt, steuert eine kleine und kompakte Gestalt auf mich zu. Ich sehe ein rundes Gesicht, die rahmenlose, runde Brille auf ihrer Nase, den grauen Pagenschnitt, ihr Lächeln. Sie bleibt einen Meter entfernt vor mir stehen und stellt ihren Rucksack ab »Isch bin die Heidi«, stellt sie sich im schönsten Schwäbisch vor und wir verzichten – coronabedingt – aufs Händeschütteln. Wir steigen ins Auto und Heidi zieht pflichtbewusst ihre rosa geblümte Gesichtsmaske auf. Ich mustere sie von der Seite. Die warme Stimme vom Telefon liegt wohl in ihrem Wesen. Ihre schmalen Lippen und Augen dagegen, die sich beim Zuhören zu Sehschlitzen verengen, lassen sie angriffslustig erscheinen.

Die folgenden zwei Tage verbringen wir mit Gesprächen über Gott und die Welt. Ich koche, wir frühstücken und essen gemeinsam. Mir fällt auf, wie ungewohnt es doch für mich ist, so viel zu kommunizieren mit einem Menschen, den ich kaum kenne, zwei Tage lang von morgens bis abends. Die anfängliche Vertrautheit am Telefon weicht einer gewissen Anstrengung. Heidi hat ein großes Mitteilungsbedürfnis und auf unseren kleinen Spaziergängen muss sie alles aussprechen, was sie sieht. »Ah ja, das Haus hat eine grüne Tür«, bemerkt sie einmal und listet andere Dinge auf, die uns über den Weg laufen. Ich nicke meist und wundere mich, warum sie nicht einmal den Schnabel halten kann. Vielleicht ist dieses Mitteilungsbedürfnis auch eine Marotte des Alters, besonders von Alleinlebenden?

Bei unseren Gesprächen wird deutlich, dass wir trotz aller Gemeinsamkeit unseres Zielvorhabens in verschiedenen Welten leben. In Heidis Universum tummeln sich reichlich Erfahrungen mit potenziellen Hausprojektmitbewohnern. Während ich ein Wochenende bei Freundinnen verbringe, fährt sie zum Probewohnen, zu einem Klaus in Stuttgart oder zu einer Maja in Dithmarschen. Diese Art der Erkundung betreibt sie seit vielen Jahren. Heidi ist nicht festgelegt auf eine Region oder einen Ort. Der Mietpreis muss stimmen, die Bushaltestelle in der Nähe liegen und die Mitbewohner sympathisch sein. Mit ihrer kleinen Rente muss sie jede ihrer Schritte sehr genau kalkulieren. Zudem sieht sie auf dem linken Auge so schlecht, dass sie nicht mehr Fahrrad fahren kann. Sie sorgt sehr gut für sich. Stellt nüchterne Überlegungen an. Ich frage mich, ob meine Begeisterungsfähigkeit bis hin zum Idealismus ein Luxus ist, den ich mir leiste, weil ich über mehr finanzielle Möglichkeiten verfüge.

Immer wieder hat sie eine Geschichte von dem Klaus, der Maja, dem Martin, der Lisa und ihren Biografien, den Beinahe-Hausbewohnern und das in einem assoziativen Erzählstil – ohne Punkt und Komma. »Woher kennst du jetzt noch mal den Martin?« Nach einer Weile stelle ich meine Fragerei ein. Mein Kopf brummt und ich brauche meine Ruhe. »Ich bin müde, Heidi. Wir reden morgen weiter. Gute Nacht.« Nach zwei Tagen bringe ich sie zu ihrem Zug zurück nach Neuwied und wir verabschieden uns freundlich: »Wir bleiben in Kontakt.«

Nun bin ich um eine Erfahrung reicher. Wie bildet sich eine Hausgemeinschaft? Städteübergreifend und unter diesen Bedingungen ist das kaum zu bewerkstelligen. Alles braucht seine Zeit. Andere Hausprojektinitiativen haben sich fünf Jahre und länger regelmäßig getroffen, bevor sie ihr Vorhaben umgesetzt oder abgebrochen haben. Ich zweifle an meiner Bereitschaft, mich auf einen derart langwierigen Prozess einzulassen. Vielleicht basiert der Wunschtraum von einer nachbarschaftlichen Hausgemeinschaft auf der Angst, im Alter allein zu sein. Angst ist keine gute Begleiterin. Ich möchte der Sache auf den Grund gehen.

Mai
Die Stunde der Wahrheit naht

Ich schaue in den Spiegel und sehe, dass ich seit drei Monaten nicht mehr beim Friseur war, dank Corona. Meine halblangen Haare liegen gefällig aber regungslos. Die Naturwellen haben sich gefügt. Ich trage einen Bob, die Frisur, mit der alle Frauen ab fünfundfünfzig plus herumlaufen. Wollte wie Diane Keaton aussehen, ein bisschen mädchenhaft verspielt, gelegentlich den Blick leicht verschleiert durch die ins Gesicht fallenden Strähnen. Geheimnisvoll weiblich oder auch kreativ wie eine Schriftstellerin. Schluss damit, ich habe keine Lust mehr auf die Pflegezeit mit der Naturhaarrundbürste und dem Glätteisen, damit das Haar wie Seide an meinem Kopf entlangfließt. Dieser Haarstil hat mir weder mehr Dates verschafft noch mich irgendwie weicher gemacht. Ich brauche eine Frisur, die eine Böe an der Ostsee aushält. Friseurin Angela wird mir immer wieder den gleichen Schnitt machen. Es hilft nichts. Ich wechsle zu einem anderen Friseursalon.

Katie, eine gesprächige junge Frau mit roten Locken, spricht mich mit »die Dame« an. »Könnte die Dame mal ihren Kopf nach links drehen?« oder »Könnte die Dame sich mal nach hinten lehnen?« Beherzt schnippelt sie an mir herum, während sie munter auf mich einplaudert. Ob sie weiß, was sie tut? Dann schlägt sie vor, die Haare einfach natürlich trocknen zu lassen und die Wellen zu

Locken zu kneten. Es dauert nicht lange, und mein Kopf ist voller Locken, unglaublich. Eigentlich habe ich mir das immer gewünscht, dass ich mein Haar so tragen könnte, frei, verspielt und natürlich. Ich schaue in den Spiegel. »Ein ganz anderer Typ sind Sie jetzt«, bemerkt die Friseurin. Das bin jetzt wirklich ich, denke ich.

Der Corona-Lockdown ist begrenzt aufgehoben worden. Die Geschäfte haben wieder geöffnet, Restaurants noch nicht. Ich hole bei meinem Lieblingslokal in eigenen Töpfen meinen Sonntagsbraten ab. Es begann am Muttertag, dem 10. Mai. Das Restaurant »Wagner« wirbt mit dem Slogan »Die Mama mal verwöhnen oder sich selbst etwas Gutes zu tun.« Nach wochenlanger Schließung und Selbstverköstigung löst das Wort »Sonntagsbraten« bei mir schon montags eine Vorfreude aus. Mir läuft förmlich das Wasser im Mund zusammen: Königsberger Klopse in Kapern-Sahne-Sauce mit Petersilienkartoffeln. Die folgenden Sonntage werden Gaumenschmäuse und Feste der Besinnlichkeit.

Die Abstandsregeln bleiben bestehen wie auch der lästige Mundschutz. Wir kommunizieren jetzt mit den Augen. Auch interessant. Manche Leute können nur mit dem Mund lachen, aber nicht mit den Augen. Freundlichkeit muss man jetzt vor allem in die Stimme legen, die gefilterte Stimme. Der Mundschutz nervt am meisten und das erzeugt Groll, der sich immer mal bei denjenigen entlädt, die einem blöd in die Quere kommen. Auf dem Wochenmarkt steht links von mir eine Frau und ist im Begriff, sich über mich hinweg die Tomaten, die rechts von mir liegen, zu angeln. »Könnten Sie bitte Abstand halten!«, zische ich ihr zu. Sie reagiert defensiv und zischt zurück. Kann man diesen Satz überhaupt freundlich sagen? Ich bezweifle es. Bleib mir vom Leibe, heißt er übersetzt. Er schließt dich aus. »Halten Sie bitte Abstand« ist Behördensprache und weckt den kleinen Ordnungshüter in dir. Ein paar Wochen später bin ich diejenige, die von einem älteren Herrn vor einer Kasse im Supermarkt energisch aufgefordert wird, Abstand zu halten. Dabei hält er seinen Regenschirm wie eine Speerspitze in meine Richtung. Für einen Moment reagiere ich verständnislos. Waren ein Meter fünfzig nicht ausreichend? Abstand halten fällt mir nicht schwer. Auch schon vor Corona kam ich selten anderen Menschen zu nahe. Dieser ältere Herr hat jedoch andere Maßstäbe als ich, wie groß sein persönlicher Raum bleiben soll.

Die Spitze des Eisbergs sind neue Horrornachrichten: das Aufflackern von Rassismus in den USA. Die grausame Ermordung von Schwarzen durch Polizisten in den USA, wie aktuell George Floyd, führt zu der Bewegung »Black lives matter«. Während meines Amerikanistik-Studiums hatte ich nur wenige Kontakte zu Afroamerikanern, aber mit ihrer Literatur und politischen Bewegung waren sie für mich eine große Inspiration im Studium. Ich habe die Werke von James Baldwin, Maya Angelou und Toni Morrison verschlungen, die wunderbaren Reden von Martin Luther King, die poetischen Songs und samtigen Stimmen von Nina Simone, Aretha Franklin und Ray Charles in mir aufgesogen. Tief im Innersten verstand ich etwas von ihrer Zerrissenheit, den Identitätskonflikten und ihrer Leidenschaft. Und ich liebte es, wie sie mit der Sprache spielten, Bilder entstehen ließen, die mich emotional berührten. Währenddessen tobte der Krieg auf den Straßen und die Gewalt in den Häusern.

Die Anspannung zwischen weißen und schwarzen Amerikanern nimmt im Alltag noch heute bizarre Formen an. Eine Meldung aus der Tagespresse: Eine weiße Amerikanerin mit Hund im Central Park in New York wird von einem Afroamerikaner daran erinnert, dass Hunde an der Leine zu führen sind. Er war im Park, um Vögel zu beobachten. Die Frau reagiert hysterisch und ruft sofort die Polizei an, sie werde von einem Afroamerikaner bedroht, der sie mit seinem Handy filme. Die Welt ist aus den Fugen geraten.

Ich will nach vorne schauen und meine Zukunft anpacken. In meinem digitalen Briefkasten fragen ein paar Interessierte nach meinem Planungsstand: »Gibt's was Neues? Wollte mal fragen, ob du schon was gefunden hast«, fragt Esther. Etwas gefunden, wo sie dann einziehen kann? Iris betont noch einmal, dass sie nur eine vierzig Quadratmeter große Wohnung kaufen oder mieten möchte, und zwar ausschließlich im ersten Stock. Vierzig Quadratmeter! Ich schlage ihr ein Tiny-Haus vor, aber das will sie auf gar keinen Fall. Sie will in der ersten Etage wohnen. »Was hältst du von einem Fertighausobjekt?«, hält sie dagegen. Ein Haus neu bauen lassen. Da kommen düstere Erinnerungen hoch. Ich war zehn Jahre alt, als meine Eltern ihr erstes eigenes Haus bauten. Als Bauingenieur war mein Vater vom Fach und die Hand-

werker konnten es ihm oft nicht recht machen. Und
natürlich ging immer irgend etwas schief. Ich sehe noch
die Gewitterwolken, die ständig über seinem Haupt
hingen. Unsere Familie war eine Kopie der damaligen
Fernsehsehserie »Die Hesselbachs«, die in den sechziger
Jahren lief. Der hitzköpfige Patriarch und Kleinunter-
nehmer Karl, auch »Babba« genannt, war immer schnell
auf der Palme und Mama Hesselbach war ständig damit beschäftigt, auszugleichen. Ob meine Mutter auch
oft gedacht hat: »Ei, Kall, mei Drobbe!«, denn das war
Frau Hesselbachs Antwort im hessischen Dialekt, wenn
die Nerven mal wieder blank lagen (Karl, ich brauche
gleich meine Tropfen) und sie einen Schwächeanfall vor-
täuschte. Mein Vater hieß auch Karl.

Ich glaube, Iris und ich kommen nicht zusammen.
Marita meldet sich zurück: »Bei mir ist etwas Frust ein-
gekehrt, denn durch die aktuelle Situation kann man
sich kaum etwas ansehen oder größere Strecken fahren
mit Übernachtung. Dazu kamen so unerfreuliche Ereignisse wie Krankheit und ein Todesfall in der Familie.
Vielleicht ist das alles nur eine erzwungene Ruhepause,
bevor man wieder neu starten kann. Würde mich trotzdem freuen, wenn wir in Kontakt bleiben.«

Wir Suchende befinden uns in einem Transforma-
tionsprozess, der nicht berechenbar ist. Jede hat andere
Gründe für die Entscheidung, den Ort, an dem sie lebt,
zu verlassen. Skurril, dass sich nun gerade auch noch
obendrauf die Barrieren der Pandemie auftun. Zugvö-
gel kommen mir in den Sinn, die inzwischen auch ihre
Routen ändern. Manche Frauen halten Ausschau nach

einem Nest, das frei wird, in das sie hineinschlüpfen können. Sie wollen nicht unbedingt die Mühe aufwenden, sich selbst eins zu bauen.

»Musst du auch ausgerechnet in dieser Zeit umziehen«, Freundin Hilde schüttelt vorwurfsvoll den Kopf. »Willst dein gemütliches Haus verlassen und eine Reihe von guten Freunden.« Für einen Moment bin ich still. »Mich zieht es ans Wasser, Hilde. Ich liebe das Licht dort oben und die Wolkenzüge. Ich muss keine Gipfel erstürmen. Lieber laufe ich in den Horizont hinein und verliere mich in der Ebene.« Ich erlebe die Natur so viel intensiver im dünner besiedelten Norden. Ich höre eine Vielfalt von Vogelstimmen und liebe den Geruch von frisch gemähten Wiesen. Die Bäume sind knorriger und die Wälder verwunschener.

Eine Reihe von guten Freunden hinter mir lassen. Durch meine vielen Ortswechsel und Umzüge habe ich viele Male Menschen verlassen und andere haben mich verlassen und ihren Weg weiter verfolgt. Dadurch sitzen meine langjährigen Freundinnen und Freunde irgendwo zwischen Berlin und Frankfurt. Ich hatte nie eine feste Clique von Leuten an einem Ort und aus meiner Schulzeit sind zwei Menschen übrig geblieben, mit denen noch eine Verbindung besteht. Mein Freundeskreis ist sehr heterogen. Mit Hilde verbindet mich der Spaß an gelegentlichen Gourmetevents wie gut essen und trinken oder mal ein schickes Wochenende verbringen, wo keine so genau auf den Cent guckt. Mit Brigitte verbindet mich die Zeit der gemeinsamen Verbandsarbeit, aber auch ein Gefühl von Geborgenheit, sich anvertrauen können, weil sie mit ihrem ganzen Herzen und einem sehr offenen Geist bei mir ist. Wir kennen uns seit zwanzig Jahren und doch ist die lange Zeit nicht immer ein Garant für eine gute Beziehung. Brigitte wohnt seit sieben Jahren dreihundert Kilometer entfernt und trotz seltener Besuche ist unsere Freundschaft noch inniger geworden. Es ist auch etwas Besonderes, wenn Freundinnen und Freunde noch die Eltern und Geschwister erlebt haben. Auch das kann verbinden, wie es bei meiner alten Schulfreundin Anne und mir der Fall ist. Es gibt da so einen Vertrautheitsgrad, der trotz unterschiedlicher Lebensentwürfe und auch Haltungen Bestand hat. Im Alter findet man keine richtigen Freundschaften mehr, meinen die Bedenkenträger unter meinen Freundinnen. In den letzten zwei Jahren hatte ich neue Begegnungen mit Frauen, die mein Interesse an Qi-Gong teilten, und wir begannen, uns füreinander zu interessieren. Viele dieser Gespräche und philosophische Betrachtungen habe ich nur mit ganz wenigen meiner Freundinnen geführt. Es ist also möglich, auch im Alter noch Freundschaften zu schließen. Sie sind vielleicht weniger symbiotisch als in jungen Jahren, orientiert an den Gemeinsamkeiten, die möglich sind.

Meine Eltern lebten es mir vor. Als sie mit Mitte sechzig ihre Heimatstadt Frankfurt verließen und sich eine Wohnung in Bad Säckingen suchten, meldete sich meine Mutter für einen Malkurs an. Es dauerte nicht lange und sie hatte eine neue Malfreundin, mit der sie Malausflüge in die Natur unternahm.

Brigitte und Marie waren Anfang siebzig, als sie die

Großstadt hinter sich ließen und auf der Karte nach Kleinstädten suchten, die Kurorte waren und gleichzeitig einen angenehmeren Lebensunterhalt versprachen. Marie hatte eine schmucke Wohnung in Frankfurt am Opernplatz. Irgendwann kamen eine Reihe von zusätzlichen Kosten. Sechzig Euro Cityzulage, fünfundvierzig Euro für Jalousien, Mieterhöhung. »Auf dem Bürgersteig kamen mir vier Leute entgegen, die nebeneinander liefen, und ich musste ausweichen, wollte ich nicht angerempelt werden«, erinnert sich Marie und interpretiert die Situation scharfsinnig: »Was sollte mir das sagen? Die Großstadt war keine Zukunft fürs Älterwerden.« Als sich dann auch der Fußboden zu wellen begann und die nachbarschaftliche Lautstärke durch Grillpartys von allen Seiten zunahm, war die Entscheidung gefallen. Sie schickte eine SMS an Brigitte: »Einsamkeit im Alter? Komm mit.«

Marie recherchierte verschiedene Kurorte. Zu viele alte Kranke. Nicht gut. Dann aber fand sie einen Kurort in einem Wandergebiet. Alte, aber nicht Kranke. Besser. Dort wollte sie wohnen. Kistenpacken, Umzug. Zwei unabhängige Haushalte verankern sich in einer hellen Dreizimmerwohnung mit Balkon. Sie schließen sich einer Wandergruppe an, besuchen einen Literaturkreis und Brigitte kann zu Fuß zu ihrem Golfplatz laufen. Innerhalb von einem Jahr ergeben sich viele Begegnungen, bahnen sich Freundschaften an, werden Einladungen ausgesprochen. »Wir müssen Gas geben, Brigitte. Dürfen keine Einladung abschlagen«, feuerte Marie die Freundin an. Beide sind telefonisch immer seltener erreichbar,

meist unterwegs. Kein Vergleich zum früheren Groß-
stadtleben, das dagegen eher ereignislos erschien, abge-
sehen von ein paar Konzert- und Museumsbesuchen.
An ihrem neuen Wohnort mit lediglich zwanzigtausend
Einwohnern werden die Beziehungen zum Taktgeber.

Ich habe mal wieder die Astrologie bemüht. Wo ist mein
Platz an der Ostsee und wann ist der richtige Zeitpunkt
für den Umzug? Alles schwimmt, kein Pflock nirgendwo.
Die Astrologin nimmt sich Zeit für die Antwort: »Dieses Jahr sieht nicht nach einer großen Aktion wie einem
Umzug aus.« »Wirklich?« Ich bin für einen Moment enttäuscht. Ich wollte unbedingt in diesem Jahr eine Wohnung oder ein Haus finden. »Die Konstellation der Pla-
neten unterstützen Ihr Vorhaben in anderthalb Jahren
besser. Wenn Sie jetzt suchen, werden Sie immer wieder auf Widerstände stoßen.« Insgeheim musste ich ihr
recht geben. Angesichts der momentanen Beschränkungen durch die Covid-19-Pandemie ist es ein besonderer
Kraftakt, Dinge ins Rollen zu bringen. »Ich habe auch ein
Buchprojekt. Vielleicht sollte ich das erst einmal abschließen«, warf ich ein. »Perfekt! Machen Sie das. Schreiben.
Ja! Die Arbeit mit dem Inneren ist genau die Energie,
die jetzt gerade passt.« Die Astrologin macht mich noch
auf einen besonderen Aspekt aufmerksam. »Am 15. Juni
haben Sie den Venusaspekt auf Jupiter. Da könnte Ihnen
die Liebe Ihres Lebens begegnen. Halten Sie die Augen
offen.« Ich blättere aufgeregt in meinem Kalender. Am 15.
Juni bin ich auf Rügen. Wir verabschieden uns freundlich
voneinander. Ich bin sehr guter Laune.

Meinen Heimathafen habe ich noch nicht gefunden. Muss man einen Ort finden, von dem man nie wieder weg will? Vielleicht eröffnen mir neue Orte auch neue Lebensabschnitte und Anregungen, die mein Geist braucht. Was bedeutet »Heimat« für mich? Ich stelle mir vor, dass ich mir eine Gemeinschaft, in der ich mich wohlfühle, auch vor Ort aufbauen kann. Eine neue Gemeinschaft von Gleichgesinnten. Werde ich mich in den Fluss des Lebens begeben können? Den Jahreswechsel begrüßen und mich der universellen Führung anvertrauen? Gottseidank habe ich ein Dach über dem Kopf und genug zu essen und zu trinken. Und ein flauschiges Pudelmädchen an meiner Seite. Dachte nicht, dass es so schwierig sein würde, mein neues Zuhause zu finden.

Meine Freundin Brigitte erzählte mir von Hanne, die als junge Frau unbedingt als Au-pair nach Paris wollte. Es war wie ein Sog, sie musste dahin. Aber kurz davor bekam sie schwere Asthmaanfälle und musste im Krankenhaus behandelt werden. Sie bekam Medikamente und ging trotzdem nach Paris, weil schon alles angemeldet und vorbereitet war. In Paris war ihr Asthma verflogen und ist nie wieder zurückgekommen.

So geht es mir mit meinem Zug nach Schleswig-Holstein. Es ist wie ein innerer Ruf, dem ich folgen muss. Ich bin nicht unglücklich in meinem gemütlichen Haus im Rhein-Main-Gebiet, wo alle naselang eine Bombe aus dem zweiten Weltkrieg gefunden und entschärft wird. Ich bin nicht krank, aber in einer ständigen Anspannung und hochempfindlich geworden für Baustellengeräusche. Und die gibt es hier zuhauf, eine große davon um die

Ecke, und zwar für die nächsten drei Jahre. Eine Unterführung für den Autoverkehr wird unter die Schienen gelegt. Vielleicht gibt es auch eine Verbindung zu einem Traum, den ich über viele Jahre geträumt habe. Ich bin am Meer und auf dem Weg zu einem Strand auf der Sonnenseite. Aus irgendwelchen Gründen finde ich jedoch den Weg dorthin nicht und kann nur in der Ferne das Sonnenplätzchen sehen, das zu einem Sehnsuchtsort wird.

Ich telefoniere mit meinem geschätzten alten Freund Bernd, der Firmen bei ihrer Teambildung berät. Mit Bernd macht es Spaß, Visionen zu entwickeln. Er ist ein Freidenker, scharfsinnig, hochintuitiv und kreativ. Bernd gelingt es, seinem Steuerberater sein neues Stand-up-Paddel als Betriebskosten zu verkaufen. »Was weiß der denn über meine Arbeit?« Das Stand-up-Paddel wird natürlich zu Trainingszwecken benutzt. Teambuilding mal anders. Ich höre ihm fasziniert zu. Genau. Eine Coachingstunde auf dem Stand-up-Paddel. Teambuilding mit sich selbst. Warum eigentlich nicht!

Mein guter Freund weiß von meinen Umzugsplänen und vor allem der Vision, mein neues Leben in einer selbstgewählten Gemeinschaft zu leben. Er erzählt von seiner Schwiegermutter, die mit drei anderen ein Bauernhaus hat umbauen lassen, sodass nun alle Parteien im Erdgeschoss in ihrer eigenen Wohneinheit wohnen, den Garten gemeinsam nutzen und einen Gemeinschaftsraum im ersten Stock. Ich springe sofort an. So eine Wohnform, klein und fein, entspräche genau meinen Bedürfnissen. Aber wo gibt es freiwerdende Bauernhäuser in Eutin? Bernd hat einen Plan und hebt seine Stimme an: »Da schreibst du mal einen schönen Projektplan von zwanzig Seiten mit ein paar Zahlen und dann trittst du an die Stadt Eutin heran.« Ein Projektplan von zwanzig Seiten. Ich schlucke trocken. Bernds Stimmstärke steigert sich noch, als wäre er mein persönlicher Motivationstrainer. »Stellst dein Projekt ‚Wohnen im Alter‘ vor und versuchst die Stadt dafür zu gewinnen.« Seine Stimme ist so elektrifizierend, dass mein Herz zu pochen beginnt. »Bernd, ich glaub, ich bin grad mal überfordert.« Er lacht schallend und schiebt noch nach: »Frag mal nach, ob die Stadt alte Bestände hat, die man für so ein Projekt nutzen könnte. Wohnen doch genug Oldies in dieser Ecke, oder nicht?« Mir ist plötzlich warm und ich öffne das Fenster. Ich möchte das Telefonat jetzt beenden. Am Abend noch flattert mein Herz und ist vollkommen aus dem Häuschen. Es ist schon spät und ich gehe schlafen.

Nach einer Qi-Gong-Übung klopfe ich meinen Rücken ab und spüre, dass da noch eine Hand ist, die auf meinen Po klopft. Eine Hand, die nicht zu mir gehört. Es ist die Hand eines jungen Mannes, dunkelblond, behaart. An einem seiner Finger ist ein silberner Ring mit verschiedenen Farben. Diese Hand scheint mir besondere Kräfte zu verleihen, denn plötzlich hebt sie meinen Körper hoch und er schwebt gen Decke. Ich aber sträube mich dagegen und komme wieder auf dem Boden auf. Ist es die Hand Gottes? Eine Hand, die mich unterstützen wird?

Am nächsten Morgen ist mir noch alles sehr präsent

und ich frage mich, welche Bedeutung der Traum für mich hat. Vielleicht sind es doch nicht nur die Umstände, die mich ausbremsen, sondern ich bin es selbst. Im Zwiespalt zwischen Anpacken und Loslassen, Neues begrüßen und Altes verabschieden?

Der Sturm in mir beruhigt sich und nach einigen Tagen klärt sich die Luft. Ich lasse das Planen und Googeln und entspanne mich im Sessel bei einem Buch und einer Tasse Tee, Nelli auf dem Schoss, die mir das Herz wärmt.

Meine Schreibfreundin Liz aus Florida mailt mir und will wissen, wie es mit meinen Umzugsplänen steht. Wir skypen. »Erinnerst du dich noch an Natalies Schreibübung im letzten Jahr mit dem Titel: *What is still wild in you*?« »Oh ja, in dem Seminar hatten wir damals nur fünf Minuten Zeit zum Schreiben. Lass uns die Übung noch mal machen und wir geben uns zwanzig Minuten, okay?« Liz stimmt zu und wir legen los. Die Frage passt zu meiner Aufbruchsstimmung. Welche ungezähmten, vitalen Kräfte sind in mir verborgen? Warten darauf, rausgelassen zu werden, wie ein Flaschengeist. Was will noch gelebt werden? Ich kann mich dem nur schreibend nähern, weil ich die Antwort noch nicht kenne. Ich muss dafür an meine Grenzen gehen, um das zu erfahren. Nicht mich in einem eigenen Häuschen wieder einkasteln und die vermeintliche Unabhängigkeit genießen und das wiederholen, was ich die letzten zwanzig Jahre gelebt habe. Nein, es ist die Sehnsucht danach, meiner Liebesfähigkeit Raum zu geben. Ich habe so viel mehr zu geben und es scheint mir nicht nur Vergeudung, das nicht tun zu können. Es wird zu einem Stau in mir. Das kann die kleine Gemeinschaft einer Nachbarschaft sein oder eine Gemeinde oder eine Gemeinschaft, die sich neu findet. Da ich vor allem das Bedürfnis nach Rückzug und Stille bei mir kenne, bin ich überrascht zu sehen, wie ich mit zunehmendem Alter in Beziehung zu anderen sein möchte. Auch zu Kindern. Es gibt da eine Energie in mir, die noch keinen Kanal gefunden hat. Ich spüre auch, dass das wilde Tierchen in mir angefangen hat zu knurren, und launisch geworden ist, weil es nicht raus kann. Weil das Zukunftsprojekt mich gerade ausbremst, das Vorhaben verlangsamt. Ich gehe von Zimmer zu Zimmer in meinem Haus und fahre mit dem Finger die Türrillen entlang. Wofür ein ganzes Haus ständig in Schuss halten? Nur für mich? Irgendetwas passt nicht mehr.

Ein anderer Teil von Wildheit in mir ist der starke Drang in die Natur. Die Seen, Wälder, Wiesen und das Meer hier oben erfüllen das. Ich muss ins Paddelboot oder Kanu und irgendwann auf ein Stand-up-Paddel. Das Klima im Norden wird mich abhärten und ich werde mir auch körperlich wieder mehr zutrauen. What is still wild in me – ist mehr als Sex, Drugs & Rock'n Roll. Es geht darum, meine Liebesfähigkeit auszudehnen auf die noch nicht gelebten Ebenen und die Kraft der Natur mit allen Sinnen zu genießen. Liz schmunzelt. »Ist es das, was du wirklich unter Wildheit verstehst?« Liz ist fünfzehn Jahre jünger und arbeitet als Therapeutin in einem Sozialzentrum. Neben dem Schreiben spielt sie

Gitarre und hat eine starke Singstimme. Wildheit bedeutet für sie, ihrer Kreativität zu folgen, ihre Gedichte und Liedertexte zu veröffentlichen und zu singen, nicht nur in ihren eigenen vier Wänden. »Meine Mutter erzählte mir später«, erinnert sich Liz, »dass ich als Baby, bevor ich sprechen konnte, immerzu vor mich hingesungen habe, bevorzugt in meinem Babysitz hinten im Auto. *Little Ellen Fitzgerald* nannte sie mich liebevoll.« Wir lachen. »Ja Liz, *meine* Wildnis ist die Verbindung mit der Natur da draußen und die Verbindung mit meiner inneren Natur, die immer da war, aber zum Teil vergraben.«

Und dann gibt es noch mein Schreibprojekt, das seinem eigenen Rhythmus folgt. Die ersten sechs Kapitel von zwölf habe ich geschrieben.

Im Juni werde ich nun endlich meinen Urlaub auf Rügen verbringen und meine Berliner Freundin Renate für ein Wochenende einladen. Auf dem Rückweg mache ich Halt in Lübeck und Eutin und erkunde, ob ich mich dort niederlassen werde.

Juni
Eine Entscheidung – die große Freiheit III

In deutscher Nord- und Ostsee lagern Altlasten von circa 1,6 Millionen Tonnen konventioneller Munition und fünftausend Tonnen chemischer Kampfstoffe und rotten seit Jahrzehnten vor sich hin. Da die alten Kampfmittel aus dem Zweiten Weltkrieg rosten und giftige Inhaltstoffe freigeben, sind sie ein enormes Gefahrenpotenzial für Flora und Fauna. Ein Bericht des Fraunhofer Instituts.

Ich sitze am Computer und surfe. Wie bin ich bloß auf diese Informationen gestoßen? Weiter lese ich, dass an manchen Stränden toxische Stoffe angespült werden: Schießwolle oder weißes Phosphor in Form eines Gesteins wie Bernstein. Hochgiftig und krebserregend. Nicht zu erkennen. Kann die Haut verfärben und sie ablösen. Ich bin in Vorbereitung für die Reise nach Rügen und lehne mich schockiert zurück. Kein Entrinnen nirgendwo vor den Altlasten des Zweiten Weltkrieges und der Zerstörung unserer Umwelt.

Nelli kotzt den ganzen Tag, hat Durchfall mit Blut. Ich renne besorgt zum Tierarzt, der ihr gleich drei Spritzen ins Fell jagt und mir ein Breitbandantibiotikum für fünf Tage mitgibt. Danach frisst sie wieder und scheint an Vitalität zu gewinnen. Aber ihr Magen ist total durcheinander und sie kackt breiig bis dünn. Kann ich überhaupt mit ihr in den Urlaub fahren? Ja, los geht's! Mir fällt die Decke auf den Kopf. Ich muss an die Ostsee. Jetzt. Ich entscheide mich für einen Zwischenstopp bei meinen Freunden, Eva und Heiner, in der Nähe von Bremen. Nelli schläft die sechs Stunden im Auto friedlich durch.

Als wir uns begrüßen, bleiben Eva und ich im respektvollen Abstand und es dauert ein bisschen, bis wir miteinander warm werden. Sie führt mich im Rundgang über ihren drei Hektar großen Obst- und Gemüsegarten, wo sie Möhren, Bohnen, Kartoffeln, Sellerie, Zucchini, Tomaten, Kräuter und diverse Obstsorten anlegt. Ich staune und stelle Fragen. »Wie schaffst du das alles neben deiner Kanzlei, Eva?« Ihre sonst eher kantigen Züge entspannen sich und sie lächelt. Ich spüre, welche Bedeutung dieses Fleckchen Land für sie hat. Vielleicht ist der Garten ihre Energiequelle, an der sie sich auflädt. »Soll ich dir mal meine neueste Eroberung zeigen?« Meine Freundin spurtet zum Gartenhäuschen. Kommt sie jetzt mit ein paar Schuhen von Gucci oder einer Tasche von Louis Vuitton zurück, die sie vor Heiner dort versteckt hält? Die Tür öffnet sich und Eva schiebt etwas vor sich her, das sich beim Näherkommen als eine hellblaue Schubkarre auf großen Reifen entpuppt. Ich bewundere das blitzblanke Gefährt und werde mir meiner Faulheit bewusst. Hätte ich Lust, eine Schubkarre zu beladen und zu entladen? Eva beobachtet mich grinsend aus dem Augenwinkel. »Die ist akkubetrieben«, sagt sie triumphierend und strahlt übers ganze Gesicht. »Wow, Eva.« Jetzt bin ich echt begeistert. »Eine Schubkarre, die fast von alleine läuft. Genial.« Ich mache ein Foto von ihr mit ihrer Gartenhilfe. So ist sie, meine schlaue Freundin. Hat immer eine Idee, wie sie Dinge vereinfachen und Kräfte schonen kann.

Eva und ich haben im Vorstand eines Frauenberufsverbandes zusammengearbeitet und kennen uns seit dreißig Jahren. Wir sehen und hören voneinander in unregelmäßigen Abständen. Das letzte Mal haben wir uns vor fünf Jahren getroffen. In Wien für ein Wochenende. Eva raucht, ich nicht. Eva schnarcht. Mit ihr ein Doppelbett zu teilen geht nicht mehr. Sie liest am liebsten fünfhundertseitenstarke Bücher, bevorzugt Krimis, während ich mich lieber mit feiner Sprache auf einhundertsechzig Seiten vergnüge. Sie ist auf einem Hof aufgewachsen, ich in einer Großstadt. Vor zehn Jahren ist sie nach dem Tod ihrer Eltern mit ihrem Mann aus der Stadt zurück ins Elternhaus gezogen. »Meine Scholle«, so nennt sie ihre neue alte Heimat. Eva kümmert sich nicht groß um Äußerlichkeiten, Stil, Mode, was frau gerade so trägt. Ihre silberblonden langen Haare werden morgens fix zu einem Dutt gekringelt. Fertig. Lieber nutzt sie die Zeit, bevor sie in ihr Büro geht, um in ihrem Gemüsegarten Hand anzulegen. Ihre beiden Backengrübchen verraten den Schalk in ihrem Nacken. Sollen doch die anderen reden. Muss man alles glauben? Diese Art von Widerspenstigkeit führt dazu, dass sie um die Ecke denkt. Neue Geschäftsideen, Visionen, andere Arbeitsformen. Mit Eva kann ich in Gedanken einmal zum Mond hin und zurück reisen. Das ist vergnüglich und wir haben immer was zu lachen. Meine norddeutsche Freundin hat noch eine Spezialität: Sie ist pragmatisch bis zur

Schmerzgrenze. Eva möchte von ihrem Heiner an ihrem Geburtstag Blumen geschenkt bekommen. Er gehört jedoch zu den Männern, die fürs Blumenschenken nichts übrig haben und gerne vergessen, so einen Wunsch zu erfüllen. Eva denkt nach und beschließt ihrem Mann jedes Jahr eine Woche vor ihrem Geburtstag eine Erinnerung, Blumen für sie zu besorgen, zukommen zu lassen. Seit zehn Jahren stehen sie pünktlich auf ihrem Geburtstagstisch. »Eva, wie unromantisch«, rufe ich entsetzt aus, als sie mir das offenbart. »Wieso? Hauptsache, ich bekomme meine Blumen pünktlich zum Geburtstag«, entgegnet sie und grinst zufrieden.

Wir wären uns normalerweise nie über den Weg gelaufen, wenn uns nicht die Passion, Frauen groß zu machen, zu gemeinsamen Aktionen geführt hätte. Unsere Spezialität war es, neue Clubs zu gründen. Zum Beispiel Hamburg. Wir mieteten einen Raum für einen Abend in einem Bürgerhaus an. Kauften fünfhundert Adressen auf und luden Frauen aus verschiedenen Berufsgruppen und Netzwerken ein. Damals gab es noch nicht die Öffentlichkeit sozialer Netzwerke. Wir bestiegen zu viert einen geliehenen VW Bus, ausgestattet mit Informationsblättern, Vereinsformularen, Postern und einem Flipchart. Unsere Rollen waren klar verteilt. Eva war firm in allen rechtlichen Vereinsfragen. Sabine erzählte die Geschichte des Verbands und ich hielt einen Vortrag über das 1x1 von Networking. Ilse skizzierte die Aufgaben der ersten Vorsitzenden und Vorstandsmitglieder. Wir wollten an diesen Abenden einen neuen Club gründen und die anwesenden Frauen ermuntern, eine Aufgabe zu übernehmen. Der Verband konnte auf eine lange Tradition zurückblicken und hatte ein gutes Standing, auch international. Dennoch, wer wollte sich mal eben innerhalb einer Stunde entscheiden, erste Vorsitzende eines Clubs zu werden? Ich war skeptisch und gleichzeitig machte es mir Spaß, die Frauen für diese Aufgabe zu erwärmen. Die Hamburgerinnen, die zu unserer Veranstaltung gekommen waren, zeigten sich selbstbewusst und neugierig. Stellten Fragen, beteiligten sich am Gespräch. Vor mir saß eine Frau, Mitte vierzig, weiße Jeans, blaue Hemdbluse, einen weißen Pullover locker über den Schultern. Ihre Wangen waren gerötet und sie fuhr sich immer wieder lachend über ihre kurzen, schwarzen Haare. Wir waren am Ende unserer Veranstaltung und jetzt ging es darum, ein Team zu bilden. »Könnten Sie sich vorstellen, heute Abend als erste Vorsitzende den Raum zu verlassen?« Ich schaute sie an und lächelte. Sie blickte in die Runde und grinste verlegen. »Ja, warum nicht«, brach es aus ihr heraus und es dauerte nicht lange, die weiteren Aufgaben mit den anwesenden Frauen zu besetzen. Das war Akquise im Ehrenamt, was wir da machten. In Münster dagegen lief nicht alles am Schnürchen. Da war am ersten Abend nichts zu gewinnen. Die Teilnehmerinnen taxierten uns und blieben stumm. Wir packten verdrossen die Ausrüstung zusammen und fühlten uns wie alte Vertriebler, die schlecht gearbeitet hatten. Spät abends ging es zurück nach Bremen. Wir gingen noch einmal den Abend durch. Wir hatten zu lange am Stück vorgetragen und den Frauen wenig Gelegenheit gegeben, sich einzubringen. Münster war nicht Hamburg. Beim nächsten Mal würde eine von uns das Ganze moderieren. Die Clubgründung in Münster klappt nach dem zweiten Anlauf.

Nach der Erkundungstour durch Evas Obst-und Gemüseplantage führt mich meine Freundin auf ihre Terrasse an einen gedeckten Tisch. Sie hat ein Hühnchen gekocht. Heiner kommt dazu und lässt mir keine Chance. Er umarmt mich. Punkt. Und schon sind wir mittendrin, in der Diskussion über den Wahrheitsgehalt der Covid-19-Bedrohung. Ich wehre ab, wittere Verschwörungstheorien. Eva ist Steuerberaterin in eigener Praxis in der Stadt. Heiner führt Haus und Hof. Wir sind fast im selben Alter und stellen fest, dass uns das Leben mit Corona und die weltweiten rassistischen Übergriffe und Entwicklungen die Hoffnung auf eine bessere Zukunft ersticken lassen. Die beiden beklagen die Einschränkung der persönlichen Rechte. Ich möchte in keine Untergangsstimmung verfallen und will es genauer wissen: »Was meint ihr damit?« Heiner erklärt mir, dass zum Beispiel die Polizei in die eigene Wohnung eindringen kann, wenn sie der Meinung ist, dass man die Abstandsregeln für größere Zusammenkünfte nicht befolgt. Das allerdings finde ich bedenklich, stelle fest, dass ich nicht so gut informiert bin, wie ich dachte. Das Thema ist abendfüllend und deprimierend. Auch wenn wir uns lange nicht gesehen haben, so ist trotz unserer unterschiedlichen Meinungen ein freundschaftlicher Umgang geblieben, den ich schätze. Wir können miteinander diskutieren, ohne uns gegenseitig klein zu machen.

Meine Nelli sitzt friedlich dabei und behält Heiner im

Blick. Der nämlich versucht seit Stunden, immer wieder mit verstellt hoher Stimme ihre Aufmerksamkeit zu gewinnen: »Na, du Süße? Du bist ja so schön. Bist du schön, ja?« Nelli rülpst und rückt näher an mich heran. Ob ihr wohl irgend etwas komisch vorkommt? Als Heiner sich vorbeugt, um seine Flirtattacken zu verstärken, knurrt sie plötzlich aus tiefster Kehle. Er lehnt sich erstaunt zurück. Das hat sie noch nie getan. Eva meint, sein Vorbeugen – er sitzt uns gegenüber – habe ihren Schutzinstinkt wachgerufen. Schau mal einer an.

Am nächsten Tag fahre ich nach Rügen weiter. Meine Ferienwohnung liegt im Süden der Insel, Mönchsgut in der Ortschaft Alt-Reddevitz. Ich fahre durch enge Buchenalleen. Dann wieder wird der Blick frei auf weite Felder und Wiesen, voll mit leuchtendem Klatschmohn und Kornblumen. Ich kann mich gar nicht sattsehen. Die Ferienwohnung liegt im Erdgeschoss und gegenüber dröhnt es von einer Baustelle. Das wird auch so bleiben, die ganze Woche lang. Ich richte mich ein und bald habe ich mich in der Wohnung so ausgebreitet, dass ich keine Lust auf ein Umzugsmanöver habe. Es ist, wie es ist. Okay, einen Anruf muss ich schon tätigen, kurz das Problem schildern. Der Agent kommt mir sofort entgegen mit einem Nachlass von zehn Prozent, fertig. Es ist Donnerstagabend. Am nächsten Tag stelle ich fest, dass ich viel zu viel Unwichtiges eingepackt habe, aber wie so häufig keine Kopfbedeckung, keine Sonnencreme, keine Küchenkräuter. Ich sollte öfter verreisen, um in Übung zu bleiben!

Nach dem monatelangen Lockdown komme ich mir auf der Insel wie in einem kleinen Paradies vor. Die Restaurants haben ihre Terrassen geöffnet und es darf dort wieder gespeist werden, unter einem wolkenlosen Himmel und bei sommerlichen Temperaturen. Eintritt nur mit Maske, die man am Tisch abnimmt. Zum Strand ist es ein Stück mit dem Auto. Wir dürfen nur zum hundert Meter langen Hundestrand. Etwas unsicher betrete ich das Terrain. Hunde über Hunde, die entweder bei ihrer Familie am Strandkorb liegen oder frei herumtoben. Nach fünf Schritten galoppiert schon ein Schäferhund auf uns zu und bellt. Ich nehme das persönlich und schicke ihn mit ausgestrecktem Arm entschieden zu seinem Frauchen zurück. Nelli ist beschäftigt mit Gucken. Ihre Schlappohren fliegen aufgeregt von links nach rechts, zurück, nach vorn. Wir finden ein freies Plätzchen und lassen uns im Sand nieder. Ich trau mich nicht, sie von der Leine zu lassen angesichts der Horden von sehr großen Hunden, die mehr oder weniger sich selbst überlassen herumtoben. Sie ist doch noch so winzig mit ihren zehn Monaten.

Ich klappe mein Handy auf und sehe das Datum: 15.Juni. Den hätte ich ja fast vergessen. Die schicksalhafte Begegnung. Bis zu diesem Punkt gab es keine Berührungspunkte, die zu irgend etwas hätten führen können. Ich schicke Helen, meiner authentischen Freundin mit den muschelkalkgrauen Haaren, eine SMS und dramatisiere den bedeutungsvollen Tag. »*Helen, es ist schon achtzehn Uhr und ich habe nur noch sechs Stunden, jemandem zu begegnen, der meinem Leben eine Wendung geben könnte. Was tun?«* Ich packe zusammen und gehe mit Nelli Richtung Auto. Bing, die Antwort kommt prompt: »*Geh auf jeden Fall irgendwo essen*, bleib bloß nicht in deiner Ferienwohnung«, schlägt Helen knapp vor. Genau. Da gibt es doch so einen einladenden Gasthof in Alt-Reddevitz. Nelli ist hundemüde von unserer Expedition und wird dort keinen Mucks von sich geben.

In der Ferienwohnung angekommen, ziehe ich meine grasgrüne Bluse mit den weißen Fischknöpfen an, lasse das Auto stehen und spaziere mit ihr zum Gasthof Kliesows Reuse. Während ich noch überlege, ob Hunde im Lokal erlaubt sind, öffnet sich die Tür und heraus tritt ein Mann meines Alters mit einem mittelgroßen Hund an der Leine. Ich frage ihn, ob Hunde drinnen erlaubt sind. Blöde Frage. Ist ja offensichtlich. Der Mann steht inzwischen fünf Meter von mir entfernt. Ein offenes Gesicht, braun gebrannt, jugendlicher Gang. Wir lächeln uns an. Vielleicht für drei Sekunden. Ich komme, er geht. An dieser Dramaturgie ist gerade nichts zu ändern. Mir fällt nichts ein, was ich sagen könnte. Ihm offenbar auch nicht. Dann dreht er ab, wünscht mir einen schönen Abend und geht davon. Wann bin ich das letzte Mal vor einem Mann stehen geblieben, mit einem Lächeln im Gesicht? Das war für mich heute schon mal Venusaspekt genug. Ich habe Hunger und öffne die Tür zum Gasthof.

Die Astrologin wird später auf meine Reklamation antworten: »Wenn Sie in die Sonne gehen, *können* Sie braun werden, müssen es aber nicht.«

Am Sonntag hole ich meine Freundin Renate aus Berlin vom Bahnhof ab. Wir kennen uns aus der Zeit der

Frauenfriedensarbeit im Berlin der siebziger Jahre. Renate ist in Schleswig-Holstein mit der elterlichen Landwirtschaft aufgewachsen. Sie hat sich in all diesen Jahren äußerlich kaum verändert. Immer noch der kurze, mittelblonde Haarschnitt, eine gesunde, glatte Gesichtshaut, eine rechteckige Brille, hinter der zwei rehbraune kluge Äuglein blicken. »Kennst du schon die megagünstige Gesichtscreme von Palisando? Ist alles drin, was man so braucht, sagt auch meine Apothekerfreundin. Kriegste für Euro fünfzwanzig. Schick, wa?« Renate findet immer solche Angebote und schwört darauf. Ich schweige dazu. Renate hat einfach so eine gute Haut, weil sie günstige Gene hat und außerdem auf dem Land in Schleswig-Holstein aufgewachsen ist. Das ist meine These. Vielleicht hätte ich ja Chancen, noch im letzten Drittel meines Lebens dort meine Falten auszubügeln?

Meine Freundin hat einen gemächlichen Schritt, der ihrer Größe von ein Meter fünfundsiebzig und dem robusten Knochenbau entspricht. Seit vierzig Jahren lebt sie in Berlin und die holsteinische Gemächlichkeit gepaart mit Berliner Schnauze hat zu einer großzügigen Gelassenheit geführt, Dingen und Menschen gegenüber. Irgendwas geht immer.

Wahrscheinlich wiederholen wir ein paar Themen und Erinnerungen, die wir schon einmal am Wickel hatten. Beide haben wir ein schlechtes Gedächtnis, was den Vorteil hat, dass es immer leichte Abwandlungen der Geschichten gibt, gemäß unserem aktuellen Erkenntnisprozess und Lebensgefühl.

Früher haben wir aus unserem schlechten Namensgedächtnis ein Spiel gemacht. »Wie heißt noch mal unser Wirtschaftsminister, Renate?« »Äh, das ist doch der …, wie heißt er noch gleich?« Ihre Augen blitzten angriffslustig. »Ach ja, dann sag mir doch mal, wer den Schimmelreiter verfasst hat, meine Liebe.« »Hm, warte. Mir liegt der Name auf der Zunge.« »Na, und die Autorin des Romans, den du gerade liest?« »Die heißt …, Vorname fängt mit H an. Hanne … nee, Mist. Ich komm' nicht drauf.« Es war so vergnüglich und befreiend, uns über die Gedächtnislücken zu erheben. Wir waren mehr als das.

Wir zählen uns gegenseitig auf, was wir täglich an Nahrungsergänzungsmitteln zu uns nehmen. Renate ist in allem immer die Vorreiterin.

»Ich nehme Selen.« »Nehm ich auch.«

»Vitamin D.« »Ich auch.«

»Ich nehme noch Zink und Leinöl natürlich.«

Ich nicke zustimmend.

»Seit ich Omega 3 gegen Alzheimer nehme, habe ich das Gefühl, dass ich weniger Wortfindungsprobleme habe. Alle meine Freundinnen nehmen das.«

Aber die Wochentage muss sie sich, wie ich, immer mal wieder vergegenwärtigen.

»Mir ist, als wär's Wochenende. Ach nee, wir haben ja doch schon Dienstag.«

Tief drinnen glaube ich nur bedingt an die allumfassende Wirkung dieser Ergänzungsmittel, die zudem richtig ins Geld gehen. »Kennst du das, Renate? Du kommst mit einem gesundheitlichen Problem in die Praxis einer Heilpraktikerin. Nach einem langen Gespräch verschreibt sie dir jedoch nicht gezielt ein oder zwei Mittel, sondern ordnet erst einmal eine Entgiftungskur oder eine Darmsanierung an. Mit einem Rezept für die Mittelchen, die du dann sechs Monate lang nehmen sollst, gehst du in die nächste Apotheke und bist mit zweihundert Euro schon mal dabei. Das war früher auch anders.«

»Ja, das war früher anders«, nickt Renate gedankenverloren.

Was ist mit der eigenen Haltung zum Leben? Wie sehr bin ich im Fluss? Oder schippere ich von einem Worstcase-Szenario zum nächsten? Kann ich Dinge verabschieden und den Wandel begrüßen? Schön wär's. Stattdessen hadere ich doch oft mit dem Älterwerden, bin ungeduldig mit meiner wachsenden Langsamkeit, hege düstere Gedanken über den sturen Nachbarn, der wieder meine Ausfahrt zugeparkt hat. Dieser ganze Schmodder! Omega 3 hin oder her. Die Arbeit an der eigenen positiven Grundverfassung ist Schwerstarbeit.

Die zwei Tage mit Renate sind harmonisch und entspannend, Freundinnengespräche. Gemeinsam ins Meer schauen und über fast alles reden. Als ich wieder mit Nelli allein bin, genieße ich auch das. Wir laufen durch den Jasmunder Nationalpark zum Königsstuhl. Links von uns rauscht die Ostsee und über uns zwitschern die Vögel in dem märchenhaften Wäldchen, das wir durchstreifen.

Auf der Rückreise höre ich im NDR die Nachrichten. Corona holt mich wieder ein. In den Städten entlädt sich Gewalt und Widerstand gegen die Limitierungen dieser Zeit. Corona, wie meine Freundin Brigitte es beschreibt, wandert wie ein Ungeheuer durch die Menschheit und deckt Missstände auf, die schon vorher bestanden, wie zum Beispiel die Arbeitsbedingungen in einer großen Fleischfabrik. Sie lässt Firmen kippen, die auch vorher schon auf wackeligen Füssen standen. Es scheint so, dass viele Menschen in ihrem neuen Homeoffice den Vorteil von dem etwas freieren Arbeiten erleben und gar nicht mehr in das Hamsterrad betrieblicher Zwangsstrukturen wollen. Das ginge mir auch so, wäre ich noch berufstätig.

Der NDR-Moderator grüßt mit dem geliebten »Moin«, kündigt den nächsten Song an und schließt mit dem Werbespruch: »Wir lieben Schleswig-Holstein!« Ich kenne kein Bundesland, das täglich solche Liebeserklärungen erhält. Bei den Nachrichten im NDR-Fernsehen besteht die Hintergrundkulisse aus täglich wechselnden Fotos von Zuschauenden, die irgendeinen schönen Ort in Schleswig-Holstein festhalten und der Redaktion zur Verfügung stellen. Kein Wunder, dass dort laut Glücksatlas die glücklichsten Menschen Deutschlands leben sollen.

2020 ist ein Jahr voller Umbrüche auf allen Ebenen. Vor allem die Gewissheit ist verschwunden, dass man alles erklären und voraussagen kann. Statistisch, wissenschaftlich. Dass wir unsere Zukunft planen können. Dass wir wissen, wie der nächste Tag aussieht. Diese Zeit erfordert ein hohes Maß an innerlicher Elastizität und Zentrierung. Wenn außerhalb von dir alles ins Schwanken gerät, brauchst du eine eigene Navigation. Und das ist für mich im zunehmenden Alter mein Bauchgefühl.

Ich mache einen Zwischenstopp in Lübeck und übernachte in einem Hotel außerhalb der Stadt, wo auch Nelli sein darf. Das ältere Gebäude birgt große, helle Zimmer mit weißem Mobiliar. Die Federbetten sind im Landhaus-Karo bezogen. Gemütlich.

Ich schlendere mit meiner Pudeldame durch Lübeck. Freundlich und offen, ist mein erster Eindruck. Ein Ort der Entschleunigung. An der Obertrave sitzen die Leute in Cafés und kleinen Restaurants und schauen den Booten, Kanus und Stand-up-Paddlern zu, die gemächlich den Fluss runterrudern. In einem Restaurant hängt ein Schild: *Es ist alles wie sonst, nur anders.* Man sitzt mit Abstand. Das ist alles. Ein paar Meter weiter erklingt Musik von den Wiesen. Ein älteres Hippiepaar singt, begleitet von einer Gitarre. Die Leute sitzen am Ufer und geben sich unter wolkenlosem Himmel entspannt den Klängen hin. Ich sehe viele junge Leute in Begleitung von älteren. Vielleicht sind die Eltern zu Besuch? Ich bekomme den Eindruck, dass in dieser Stadt Alt und Jung gut harmonieren. Auch die Hundebesitzer scheinen entgegenkommender als an meinem Wohnort. Einer leint seine beiden Vierbeiner sofort an, als er mich mit Nelli an der Leine erblickt. »Dankeschön«, sage ich lächelnd im Vorbeigehen und erhalte ebenfalls ein freundliches »Gerne«. Wow. Könnte ich hier leben?

Eine leichte Brise weht. Ich strecke meine Nase genießerisch in die Höhe und nehme einen tiefen Atemzug. Besser als ein Glas Prosecco.

Lübeck, Eckernförde, Eutin? Das wird sich finden. Aber eines weiß ich jetzt schon: Hier möchte ich älter werden. Ich habe mich verliebt! In das Land zwischen zwei Meeren.

Dankesworte

Erste Formen nahm meine Buchidee an mit der konzeptionellen Hilfe und dem weiten Blick von Dr. Stefan Kappner, dem ich an dieser Stelle herzlich danke.

Der biografische Schreibworkshop mit Schreibwerk Berlin unter der Leitung von Hanne Landbeck hat mir den Durchbruch zum biografischen Schreiben ermöglicht und alle Schreibblockaden aufgelöst.

Danken möchte ich Ellen Schilken, meiner Qi-Gong Lehrerin und ersten Probeleserin, für ihr wertvolles Feedback und die Ermutigung, mich der neuen Form des Schreibens anzuvertrauen. Auf zahlreichen Spaziergängen und Gassirunden besprachen wir die Texte, bei Wind und Wetter in Zeiten von Corona.

Meine Freundin aus früherer Studienzeit, die Übersetzerin und Autorin Marie-Luise Oberem, kann zwischen den Zeilen lesen. Ich danke ihr dafür, dass sie mir geholfen hat, die Essenz meines Journalschreibens zu begreifen.

Danken möchte ich auch Frau Scheer für die kleinen Kurzurlaube in ihren Ferienwohnungen in Schleswig-Holstein, wo ich das Manuskript in Ruhe abschließen konnte.

Ein herzliches Dankeschön geht an Pia Moustaki, die mir erlaubte, Zeilen aus dem Song ihres Vaters George Moustaki, »Le Temps de Vivre«, im Text zu verwenden.

Das Manuskript habe ich viele Male überarbeitet, aber die letzte – vor dem Buchdruck – war besonders spannend. Ich war froh, in dieser Zeit Katharina Engelkamp von »Textengel« als kompetente Lektorin an meiner Seite zu haben, und danke ihr herzlich. Sie brachte die nötige Ruhe für unsere Besprechungen mit und auch die Tiefe für sprachliche Klärungen, die nicht immer auf den ersten Blick zu erfassen waren.

Die Autorin

Monika Becht, Jahrgang 1953, aufgewachsen in Frankfurt am Main, lebt seit 2022 in Schleswig-Holstein. »Danke, ich steh lieber. Mein erstes Jahr im Ruhestand.« ist ihre erste biografische Erzählung. Die Themen »Neuanfang« und »Veränderung« kennt sie aus ihren persönlichen Erfahrungen mit zwölf Umzügen, dem Leben im Ausland und beruflichen Entwicklungsprozessen.

Ihre Arbeit als Veränderungs-Coach seit Anfang der Neunziger Jahre führte zu Veröffentlichungen von Karriere-Ratgebern mit Geschichten von Menschen, die reif für den Wechsel waren. Das Thema »Veränderung« durchzog auch ihre Porträts von jungen Winzerinnen und Winzern in der Pfalz und Rheinhessen, die den Generationenwechsel eingeleitet haben.

Bechts Passion ist es, andere zu ermutigen, neue Schritte zu gehen und eine Vision von dem Leben zu entwickeln, das sie führen wollen. Eine Form der »Reisebegleitung« bietet sie speziell auch den Menschen an, die im fortgeschrittenen Alter ihr Leben neu sortieren mögen.

.